大政数様

仲宗根和通

# 不動産投資 “購入後”の教科書

不動産投資家が
安心できる
8つのポイント

株式会社和不動産 代表
仲宗根 和徳

クロスメディア・パブリッシング

# はじめに

この度は、『不動産投資〝購入後〟の教科書』にご興味を持っていただきまして、誠にありがとうございます。

私が代表を務める和不動産では、年間100回ほど自社の不動産投資セミナーを開催しています。もともとは、弊社のお客様に購入後のフォローをするセミナーでしたが、新規参加者もOKにしたところ、セミナー参加者の約3割〜4割の方が既に他社で不動産投資を始めている方でした。参加の理由をお聞きすると「買った後にアドバイスが無く、不安で自分で勉強するしかないから参加しました」という声がほとんどです。

結論から言えば、不動産投資は初期の計画に無理がなければ、無理な売却をしない限りメリットがある資産運用です。バブル前に不動産を購入した方はバブルで失敗することなくメリットを感じ、リーマンショックでも不動産オーナーさんの方は問題なく運用できています。年々、不動産投資に関心が高まっている今だからこそ、弊社のオーナーさんはもちろん、不動産投資で不安を感じているオーナーさんが安心して不動産投資を行えるお手伝いができればと思い、出版することを決意いたしました。

私の財産といえば、不動産投資業界に身を投じてから幸いにも本当に多くの不動産オーナーさんの方との関わりを持つことができ、さまざまなお話を聞くことができたことです。不動産投資のオーナーさんにも上手くいっている方もいれば、あまり上手くいっていない方もいます。当然、上手くいっている方は上手くいっている理由があり、あまり上手くいっていない方は上手くいっていない理由があります。

不動産投資は、難しい投資ではありませんので、初期の計画に無理のない限り、それなりのメリットを享受できてしまうことも問題です。せっかくチャンスがあるのに機会ロスをしている方が多くいるのが現状です。

また、不動産投資は、投資というよりは事業という側面が大きいので、多少の手間がかかります。その手間を惜しまず物件を育てている方は、例外なく多額の家賃収入を得ていることも見逃せません。つまり、やり方さえわかれば成功する確率がより高まるということです。

そして、やり方がわからない方は、せっかくの資産を上手く活用できていないのがもったいないところです。不動産投資は、買うことがすべてではありません。買った後に何をするかで大きく結果が変わります。

本書では、基本的なことからではありますが、購入後に何を行えばよいのかをご紹介します。成功されているオーナーさんからすれば非常に当たり前のことかもしれませんが、これから不動産投資を行う方や不動産投資を始めたけど悩みを抱えている方にとって、ひとつでもお役に立てるよう書き進めてまいります。

不動産投資〝購入後〟の教科書

# CONTENTS

# 第1章 「買って終わり」のオーナーが投資に失敗する

第2章 不動産投資家が安心できる8つのポイント

# 第3章 不動産投資成功のために必要な5つのスキル

# 第4章 なぜ〝帳簿〟をつけている人は成功するのか

# 第5章 相続税対策が与える1R不動産投資への影響

# 第1章

## 「買って終わり」のオーナーが投資に失敗する

## なぜ世の中の不動産投資書籍は〝買うことばかり〟を指南するのか？

投資に世間の注目が集まる中、不動産投資に関してもさまざまな本が書店を賑わしています。「頭金0円でできる〜」「5年で引退できる〜」「サラリーマンでも1億円貯蓄できる〜」などなど、魅惑的なタイトルが目白押しです。しかし、その内容を吟味してみると、ある〝共通点〟に気づくはず。不動産投資に関する指南本、ハウツー本に見られる〝共通点〟とは、**〝買うことばかり〟**にフォーカスしたものがほとんど、ということです。

では、なぜ、〝買うことばかり〟の不動産投資本が世の中に溢れているのでしょう。勘のいい皆さんなら、もうお気づきかと思います。そう、不動産投資の本のほとんどは、投資物件である不動産を売りたい、不動産会社やその関係者が書いたものがほとんどです。自分たちが扱っている物件を売りたいがために、投資物件を導入する前までのことが、たいへんわかりやすく、丁寧に書かれています。

ところが、いざ投資物件を購入した後、〝**ほったらかし**〟にされてしまうオーナーさんが実に多い。言い換えれば、物件を売ったら「あとは勝手にやってください」という不動産会社がとても多い、ということです。とにかく、物件を売るのが至上命題。目先の利益ばかりを追い求め、売った後は知らんぷり。犠牲になるのはオーナーさん……。本当に嘆かわしいことです。

〝ほったらかし〟にされたオーナーさんは、その後のことを自分で勉強するしかありません。勉強の手段は書籍とインターネット、そして、購入後のこともキチンと面倒を見ている他社の不動産投資セミナーといったところでしょう。しかし、書籍は前述の通りですし、インターネットを見ても基本的には不動産関係者に都合のいい、〝売るための〟情報ばかり。残された手段は、頼れる不動産会社を見つけること以外にありません。

## 経営者になれ！　不動産投資は「事業」

不動産投資で成功しているオーナーさんと、失敗してしまうオーナーさんの違いは、どこにあるでしょう？　答えは、**「物件購入後に行動を起こしているか、どうか」**そこで決まります。成功している人は、買って安心してしまうのではなく、「買った後になにかしら行動を起こしている」のです。今、〝最速で何億も資産を作る〟といった内容の不動産投資の本が出版されていますが、購入後に皆、いろいろなアクションを起こしているのが共通点です。

不動産投資は「賃貸業」であり「オーナー業」「大家業」と言われています。つまり、「事業」のひとつとしてとらえることができます。「事業」とは、利益を得るために行う継続的な取り組みのこと。成功させるためには、「経営者の視点」で物事を考える必要があります。この、〝不動産投資・イコール・事業〟という大前提を理解していない、あるいは、まったく考えたこともないオーナーさんが実に多い。オーナーさんやオーナー予備軍の人の多くが「(投資用物件を)買ったらおしまい」と思い込んでいるようです。

不動産の相場は、アベノミクスの効果で上向いてきていますが、実際のところは皆さんが思っているほど上がってはいません。ましてや、バブルの頃のように「半年後には価格が倍になっていた」なんて夢のまた夢。あり得ないことだと肝に命じておきましょう。

繰り返しになりますが、不動産投資は「投資」と名がついていますが、株や債券を購入して値上がりを期待する「投資」とは性格が異なるものです。「事業」ですから、経営者であるオーナーさん自身が努力しなければ、成功を掴むことはできません。逆に言えば、購入後はその値動きに一喜一憂するくらいしかやることがない株式などの投資に比べて、不動産投資はいろいろとやり様があるということです。

不動産投資で大切なのは、購入後に手間ひまをかけて**〝物件を育てていく〟**という考え方と、それを実行に移せる環境作りにあります。そして、手間ひまをかけている方は、不動産投資で安定収入を得ていることも見逃せません。

## 目標なくして成功なし。目標達成に必要なものとは?

なにか物事を始めるとき、大切なのは「目標」を定めることです。受験しかり、習い事しかり、仕事もしかり。目標を決めずになんとなく始めてしまうと、方向性がブレてきたり、遠回りをしてしまったり、あるいは、面倒になって途中で投げ出してしまうことも少なくありません。まずは、目標を決めましょう。目標を達成することが成功です。つまり、目標のない方に成功がおとずれることは、ないということです。

人によってさまざまな目標があり、目標の立て方にもいろいろあります。はじめに「最終的には、60歳までにいくらの不動産収入が欲しい」というような**大きな目標**を決めましょう。つぎに、それを実現するための**中長期的な目標**、さらに、「物件の家賃をどうしたら上げられるか」といったような**短期的な目標**を決定していきます。

目標が決まったら、実行に向けて具体的な計画を立案します。そして、計画を実行し、その実行結果を検証します。つまり、〝ＰＤＣＡサイクル〟を回していくわけです。ＰＤＣＡサイクルとは、もともと企業の生産管理や品質管理に用いられる手法のひとつで、事業の継続的な改善を目的として、〝Plan（計画）→Do（実行）→Check（評価）→Action（改善）〟の４段階をぐるぐると繰り返していくことで業務の効率化を図っていく考え方です。

ＰＤＣＡサイクルを回すことによって、ノウハウが構築されていきます。オーナーさんにとって、このノウハウが一番大切です。たとえば、「繰り上げ返済を重ねると支払いが減る」「リフォームをすると家賃が上がる」など、いろいろなことを計画、実行し、その結果を検証することでノウハウが溜まっていきます。単なる知識ではなく、実体験で得たノウハウこそが、その後の展開に大いに役立ちます。人は、やったことしか身につきません。アクションをどんどん行ってほしいと思います。

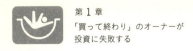

## 成功者がやっている「目標達成の方程式」

不動産投資のゴールは、目標を達成することです。物件を購入することは目標を達成するための手段であり、ゴールではありません。これを忘れないようにしましょう。

目標を達成するために、まず知っておいていただきたい〝方程式〟があります。

**「資産総額」×「時間」＝「目標収入」**

ご覧のように、資産の総額と時間を掛け合わせたものが目標とする収入になります。資産を増やせば短い時間で目標に到達することができます。また、時間をかければ少ない資産でも目標に到達することができるわけです。

## 不動産投資成功への流れ（一例）

**大きな資産を動かしながら、不動産投資で目標達成するまでの流れ**

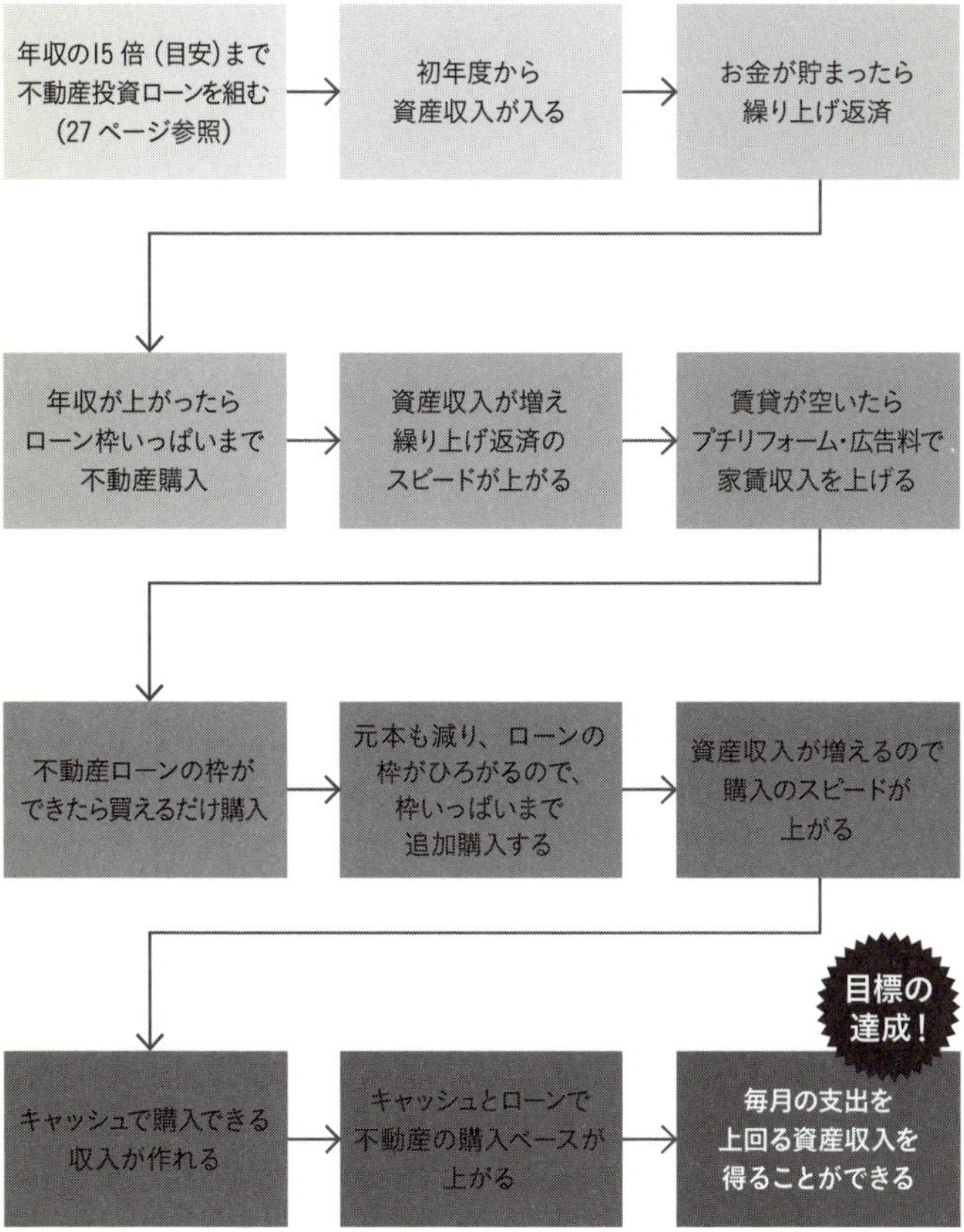

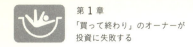

この方程式の〝時間〟を、〝リスク〟や〝倍率〟、〝利回り〟と置き換えてみると、よりわかりやすくなります。FXやデイトレードなどの投資は、小さな資産を高いリスク（＝短期間、高倍率）で回すため大きな収入が得られる反面、失敗する確率が高くなります。かといって、小さな資産を低いリスク（＝長期間、低倍率）で回してもなかなか収入は増えません。そこで見習いたいのが、お金持ちの投資術です。

## お金持ちの投資術
## 「大きな資産」×「安全な投資」＝「多額の運用益」

このように、大きな資産を安全な投資で増やし多額の運用益を得ていくのがお金持ちの投資術です。大きな資産を利用すれば、たとえ利回りが1％でも大きな収入（キャッシュフロー）を得ることが可能になります。たとえば、3億円の資産なら年利1％の低リスクで運用したとして利益は300万円。一方、6000万円の資産から年間300万円の利益を生み出そうとすると、年5％での運用が必要になります。資産

3億円の運用と比較すると、その差は5倍。つまり、5倍のリスクを抱えるわけです。資産は大きいほうが安全に運用できることがおわかりいただけるでしょう。

## ローン15倍！不動産投資を〝スピードアップ〟

では、私たちが〝お金持ちの投資術〟を活用した不動産投資を考えたとき、どの程度の資産規模を想定すればいいのでしょう？

3％以下の低金利で比べた場合、3年前までアパートの融資枠は、年収の10倍程度だったのに対し、ワンルームマンションについては年収の6倍までがほとんどでした。ところが現在は、アパートに対する融資枠は変わらず、年収の10倍程度ですが、ワンルームマンションは年収の15倍程度の借り入れが可能になっています。たとえば、年収700万円の人でローン15倍だと借り入れは約1億円です。これを利用しない手はありません。

「1億円」と聞くとビックリして腰が引けてしまう人が多いようですが、不動産投資を始めてみると、思いの外あっさり到達する金額です。なぜなら、ローンを増やした方がメリットがあるとすぐ気づくからです。そして、所有物件の家賃の総額が目標のキャッシュフロー以上にならないと、目標が達成できないと気づくからです。この資産形成のスピード化を実現しているのが、不動産投資ローンなのです。とくに近年の不動産投資ローンは、金利の低下や融資枠の拡大などによってたいへん借りやすい状況が続いています。年収の15倍以上のローンを組むこ

## 最近はワンルームの借入枠も広がった

※3%以下の金利で比べた場合

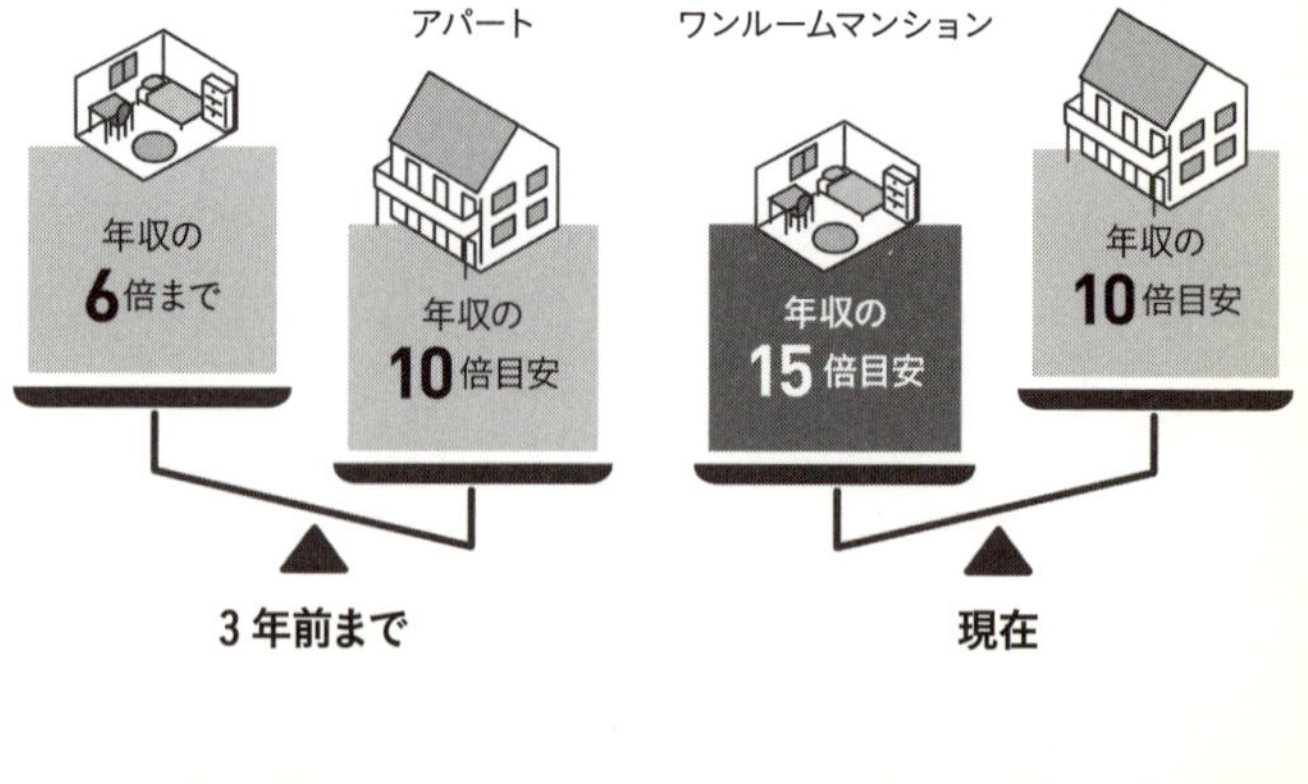

ともできるのですが、借り入れによるリスクを考えると年収の15倍程度を目安にすべきです。

「そんなに目一杯借りなくてもいいじゃないの？」という人もいるでしょう。でも、ちょっと考えてみてください。

1000万円の借り入れをしていて10万円の収入があるとします。10倍の借り入れで1億円なら100万円の収入が得られます。10倍のローンを組んで家賃収入を10倍にすれば、手取り収入（キャッシュフロー）も増えます。さらに、元本の償却も大きく変わってくるのです。

10年間で見てみると、1000万円の

### 大きな資産を運用すると手取り収入が増える

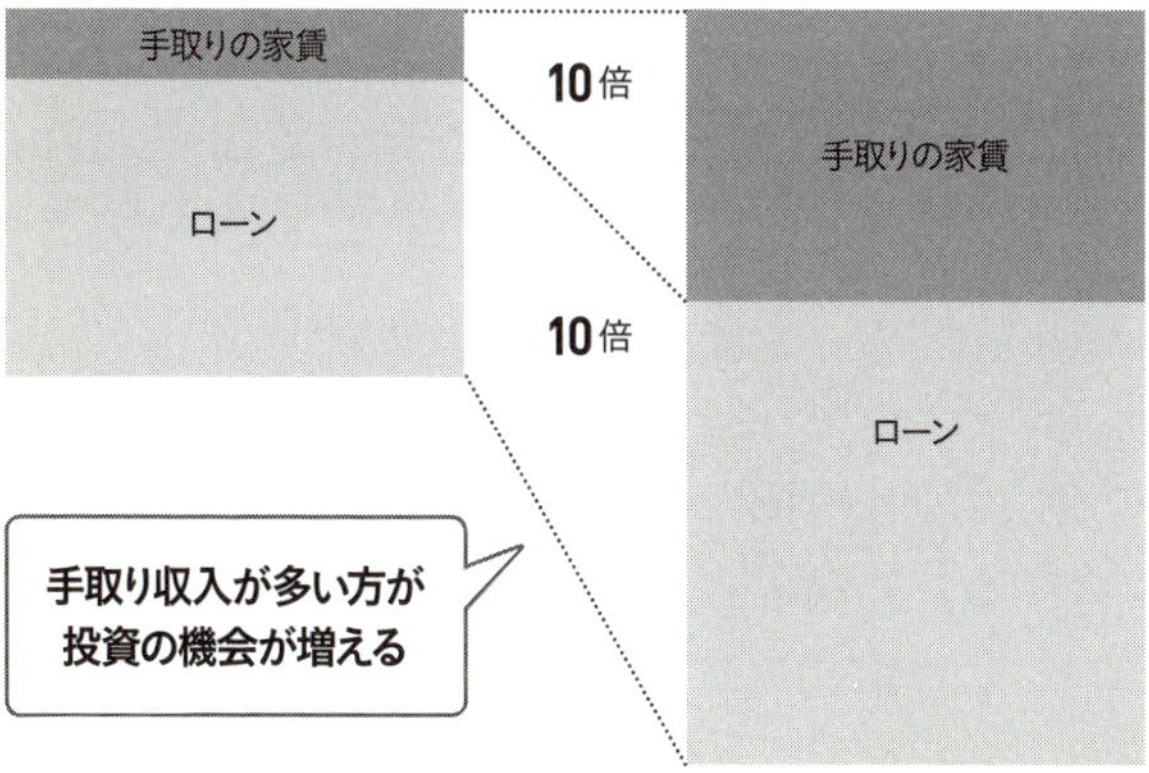

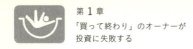

場合、元本の償却は２００万円程度。ところが、１億円の場合、その10倍ですから、約２０００万円になります。つまり、同じ10年間でワンルームマンション１部屋分もの残債が減ってしまうわけです。これが「大きな資産」を回して得られる投資のスピードアップ効果。実際のところ、〝大きく借りて、大きく返す〟ほうがメリットを感じる人が多いようです。

「いや、でもやっぱり、そこまではちょっと……」という人には、〝スタートは資産を大きく。損をしないように途中から売却を行い資産整理を徐々にしてい

## メリットの感じ方のイメージ

| ローン額 | 10年後の残債 | 10年で減った元本 |
|---|---|---|
| 10,000万円 | 7,970万円 | 2,030万円 |
| 5,000万円 | 3,980万円 | 1,020万円 |
| 2,000万円 | 1,590万円 | 410万円 |
| 1,000万円 | 800万円 | 200万円 |

メリットを感じている人が多い（10,000万円）

メリットを感じている人が少ない（1,000万円）

※金利2.5%　期間35年の場合

き、終盤には資産を少なく〟でリスクを軽減する方法もあります。

## 長期間融資を組むことの優位性

ローン審査の際、金融機関は「年収の倍率」と「返済比率」の両面を見ています。返済比率とは、年間の返済額を年収で割ったもので、目安は30～35％。たとえば、年収１０００万円の人が年間３５０万円返済すると、返済比率は35％になります。「ローン（借金）はなるべく早く返したい」と思ってしまうのが人情ですが、不動産投資を考えた場合、返済期間はなるべく長くするべきです。返済期間を長くすれば年間の返済額を低く抑えることができるため、収支がよくなり、キャッシュフローが増えるからです。キャッシュフローが多いと、急に資金が必要になった場合や家賃が下がった場合も、安心して対応することができます。

たとえば、２０００万円の物件を頭金５００万円、ローン１５００万円で購入し、家賃月10万円で運用したとき、35年ローンの場合の毎月の返済額は約6万円になります。家賃収入の10万円からローンの返済や管理費・修繕費などのコスト約1・4万円を差し引くと手元に約2万6000円が残ります。一方、25年ローンの場合、毎月の返済額は約7万6000円で、手元に残るお金は約1万円。その差は、なんと2・6倍になります。長期間のローンを組んだほうがキャッシュフローが多いため、不動産投資には圧倒的に有利です。

不動産投資を成功させるには、**「返し終わったら借りる」のではなく「返しながら借りる」**ことが重要になります。そのためには、キャッシュフローを増やすことが欠かせないわけです。

ちなみに、長期間のローンが組めるのは、区分所有するマンションならではのメリットでもあります。マンションの耐用年数は通常45〜55年です。そのため、築10年のマンションの場合、最長で35年のローンを組むことができます。一方、アパートの場合、耐用年数は一般的に30年。築10年のアパートの場合、ローンを組める期間は最長でも20年ですから、年間の返済額の差は大きくなるため、生じるキャッシュフローへの影響も少なくありません。

ローン期間が長いということは、より多くのローンが組めるということです。たとえば、年収400万円のサラリーマンでも、35年ローンで数千万円の借り入れをすることができます。大きな資産を運用するためのハードルは意外に低く、身近なものと言えるでしょう。言いかえると、それだけのポテンシャルを知らないがために機会ロスしている方が多いということです。

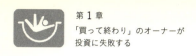

## 目標達成の最重要項目〝購入後の投資戦略〟

この章では「目標達成のための投資戦略」についてお話してきました。ここで、目標を達成する上で欠くことのできない、購入後のアクションについて触れておきましょう。

購入後のアクションを考えるとき、適したタイミングがいくつかあります。代表的なものを挙げてみましょう。まず、**資金が貯まったとき**。お金が貯まったら有効活用を考えましょう。次に、**年収が上がったとき**。年収が上がると、金融機関から借りられる金額の枠が増えます。せっかく増えたその枠を活用するため、どのようなアクションをとっていくかを考えます。

**所有物件が空室になったときも、実は重要**です。成功しているオーナーさんは、持っている部屋が空いたとき、これをチャンスととらえ、賃料を上げるための努力をしています。不動産物件は購入したときが一番いい状態で、その後、経年劣化が進みます。放置しておくとトラブルが増える可能性がありますから、注意が必要です。

もうひとつ、毎年必ずやってくる**確定申告は最低限のタイミング**です。いい機会ですから、少なくとも年1回は自分の物件のことを考えるようにしましょう。

さて、なぜ私が物件購入後の行動にこだわるのかというと、お客様に物件を販売した後、なにもしない不動産会社が多いからです。あるオーナーさんは、某大手の仲介会社から投資用物件を購入した直後、「じゃ、あとは好きにやってください」と放り出されたそうです。もちろん、そのオーナーさんは素人ですから、買った後なにをすればいいか見当もつきません。でも、自分ですべてやるしかない。そんな実例が後を絶ちません。実際、弊社のセミナーにも、他社で物件を購入したオーナーさんがたくさんいらっしゃいます。その人たちのお話を聞いてみると、「（購入後）なにもしてくれなくて不安だから自分で勉強するために来た」という意見がほとんどです。このように「不動産会社はなにも教えてくれない」という人が、毎回、セミナー参加者の数の約30%にのぼります。

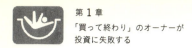

ただ、そのオーナーさんもちょっとうかつだったのは否めません。不動産仲介の会社は、物件を引き渡すまでが仕事です。「大手だから」と安心して買ったようですが、もうちょっと、不動産業界のことを調べてから決めたほうが良かったと思います。

また、新築のワンルームマンション販売や、土地の有効活用をすすめる会社の担当営業マンが新規開拓に音をあげ、あっさり会社を辞めて転職してしまうことも多いようです。おかげで、残されたオーナーさんは相談する相手を失ってしまい、途方に暮れることになります。不安のあまり、「不動産会社はなにもしてくれないし、これからどうすればいいのか。持っていても負担になるだけだ」と追い込まれ、「損してもいい」と売却。その結果、たいへんな損を被ることになります。

不動産投資に失敗している人がたくさん出ているのは、事実だと思います。始める人が多くなればなるほど、その数も増えていくのは間違いありません。かといって、不動産投資のコンサルティング会社は費用がかかりますし、そもそも持ち物件が1部屋や2部屋だけの小規模なオーナーさんは相手にしないでしょう。税理士さんなどの専門家に相談したくても、1部屋や2部屋では費用が割高になってしまいます。高いコストを払うのはもったいないと思うばかりに、プロのコンサルティングなどのサービスを受けることを躊躇する。その結果、相談する相手を失って途方に暮れ、ついには売却してしまう人も少なくありません。

では、不動産投資を成功させるにはどうすればいいのか。不動産投資に特化し、購入後のフォローに注力する私の会社には、さまざまなオーナーさんからの相談が寄せられてきます。そんな豊富な事例と私のこれまでの経験から見えてきた「成功のポイント」の数々を、次章からお伝えしていきたいと思います。

# 第2章

# 不動産投資家が安心できる8つのポイント

## 成功しているオーナーの共通点

私の会社では、年間１００回ほどのセミナーを行っているので、数多くの方から悩みの相談を受けています。そこでわかってきたのが、不動産投資が上手くいっていないオーナーさんには共通点があるということです。

一方で、成功しているオーナーさんにも、成功するなりの理由があります。それらの多くに共通するキーワードが〝購入後の投資戦略〟なのです。もちろん、どのエリアの、どんな物件を買うかという購入戦略も不動産投資の重要なポイントです。しかし、より確実に収益を上げるためには物件を購入してからのアクションが欠かせません。

本章では、成功しているオーナーさんと失敗してしまうオーナーさんの違いを比較しながら、不動産投資を成功させるためのポイントをご紹介します。

その数は8つ。

これらポイントをしっかりおさえて不動産投資に取り組むことで、成功はもとより、「安心」を得ることができます。成功するための〝正しいやり方〟がわかることで〝安定した家賃収入〟が得られます。安定した収入が不動産投資の〝安心〟につながっていくのです。

成功しているオーナーさんの共通点を、ぜひ参考にしてみてください。

# 成功のポイント①

成功する人は
お金の流れを把握している
失敗する人は
お金の流れを把握していない

## ほとんどのオーナーが帳簿をつけていないという現実

「目標を達成するために必要なのは〝PDCAサイクル〟を回すこと」と前章でお伝えしました。この〝PDCAサイクル〟を回すために、欠かせないものがあります。それが**「帳簿」**です。

サラリーマンや経営者の方ならおわかりになると思いますが、帳簿をつけていない会社はありません。帳簿をつけてお金の流れを把握し、それをもとに事業計画を策定しています。事業に帳簿はつきものです。

しかし、「仕事が忙しいから構いたくない」、「気にしたくない」というオーナーさんが実に多い。さらにいえば、ほとんどの人が、帳簿のつけ方がよくわかっていませんし、そこまで工夫している人も少ない。それが現実です。

不動産投資は事業ですから、帳簿はつけないといけません。そこで、オーナーさんに「帳簿、つけなきゃダメです」というと、なんと、ほとんどの人が「いや、つけてます」と答えます。ところが、よくよく訊いてみると、つけているのは確定申告だったりします。申告書も帳簿には違いありませんし、大切な情報ですが、収益やコストを計るものではなく、資産の増減もわかりません。確定申告書は、あくまで税金の計算のために作成する書類です。そして、出納帳は現金の出入りを把握するもので、分析するためのものではありません。

繰り返しになりますが、私の言う帳簿とは、お金の流れを把握するためのもの。つまり、会社経営でいうところの財務諸表3表「損益計算書」「貸借対照表」「キャッシュフロー計算書」のことです。これがないと、利益がどのくらい増えているかがわかりません。わからないと**「儲かっているかもしれないし、損しているかもしれない」**という状態になってしまいます。いくら儲かっているかわからないと、有用なノウハウが構築されないため、その後の計画を立てることもできず、最終的に物件を売却していいのか否かもわからなくなってしまうのです。

## 帳簿でお金の流れが見えてくる

会社経営で必要になる帳簿は「損益計算書」「貸借対照表」「キャッシュフロー計算書」です。一方、**不動産投資で必要な帳簿は2種類**。ひとつは**個人の資産**について。オーナーとなったあなたが、不動産投資をやる前と行った後で総資産がどう変わったのかを知るためのものです。これがないと、モチベーションが湧きません。

個人資産の帳簿については、「資産からキャッシュフローがどれだけ生まれているか」がポイントになります。ベストセラーとなった「金持ち父さん」シリーズを読んだことがある人ならピンとくるはず。キャッシュフローが一目でわかるようになっていないといけません。不動産投資以外の、貯金なども含めた自分の資産全体から、キャッシュフローを生み出すために、お金の流れを把握するのが狙いです。

もうひとつは**1部屋ごとの帳簿**。たとえば、あなたが買った和マンション101号室の家賃収入やローンの支払いなどを掴んでおくためのものです。所有物件が2部屋、3部屋と増えていくと、それぞれが儲かっているのか否かを〝どんぶり勘定〟ではとても把握しきれません。また、それがわかっていないと戦略も立てることができません。1部屋ごとの収支をつけることが大切になります。

また、所有している物件にリフォームなどの手間ひまをかけていくと、費用がいろいろとかさんでいきます。そのかわりに、リターンも増えてきます。また、繰り上げ返済をすると支出が増えます。その代わり収入も増えていくのですが、さて、それでは最終的にいくら儲かったのか。収入と支出の履歴をきちんとつけていれば、トータルでの損益がすぐにわかります。不動産投資で、これは重要です。今までにいくら使い、いくらリターンがあったのかを掴んでいれば、いざ売却するときに、たとえば「これを1500万以上で売れば、トータルで黒字になる」というのがわかり、合理的な判断が可能になります。

不動産投資は買ってから売るまででひとくくり。売却したときにはじめて利益が確定します。売るまでは、仮に利益が出ていても確定はしていませんから、「含み益」

「含み損」となります。それらの事柄を常に把握し、売却するとき一目でわかるようにしておくことが、帳簿をつける目的です。この大事な2つの軸で帳簿をつけることを強くおすすめします。

詳しくは第4章でご紹介します。

## 成功のポイント②

成功する人は
購入後にキャッシュフローを
増やすことを考え好循環になる

失敗する人は
何もしないためキャッシュフローが
だんだん悪循環になる

## 繰り上げ返済でキャッシュフローを増やす

不動産投資の目的は、不動産からのキャッシュフローを増やし、家賃収入を得ることです。成功するオーナーさんは、どうやったらキャッシュフローが増えていくかを常に考えています。失敗するオーナーさんは、なにもせず、物件をほったらかしにするので、賃料が下がるたびにキャッシュフローが悪くなる一方です。そこに修繕費やさまざまな追加費用が加わり、悪循環に陥っていくわけです。

では、キャッシュフローを増やすには、どのような方法があるでしょう?

好循環をもたらすには、**まず「繰り上げ返済」を行うこと**です。

無駄遣いを止めて、繰り上げ返済するためのお金を捻出しましょう。資金が貯まったら、余計なことに使う前に、迷わず繰り上げ返済を実行するのが大切です。繰り上げ返済をすると借り入れの元本が減るので、支払い総額も下がっていきます。繰り上げ返済が進めば、その分、キャッシュフローが増えますし、銀行の融資枠も拡大します。まさに、いいことずくめ。極論するなら、繰り上げ返済を一所懸命頑張るだけで、不動産投資はたいてい成功します。

繰り上げ返済を始めた当初は、上手くいっているのかどうなのか、よくわからない状態になると思います。しかし、ある時点から突如としてキャッシュフローが増えてきます。毎月10万、20万と現金が入ってくるようになると、繰り上げ返済をしなくてもお金がどんどん貯まる状態がおとずれます。私は、ここまでを

**繰り上げ返済のメリット**

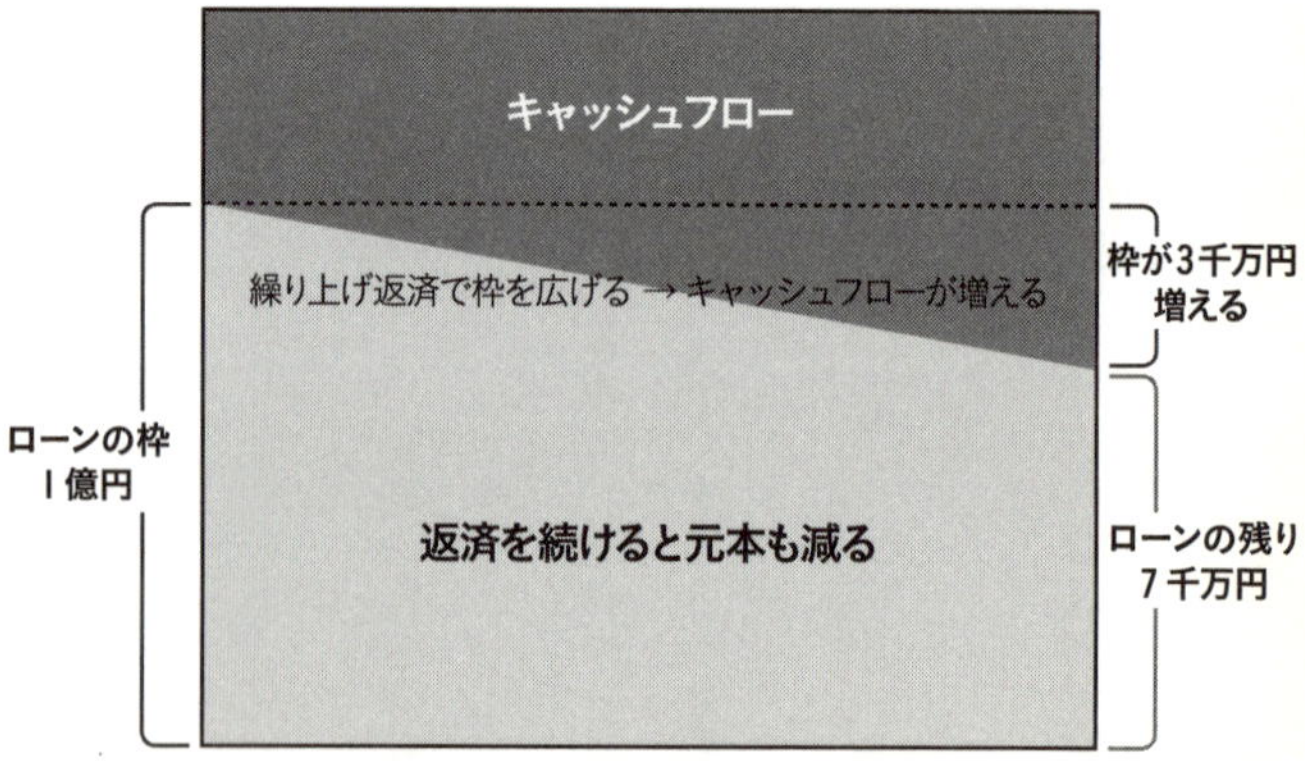


**広がった枠で追加購入ができる**

**「準備期間」「土台作り」**と呼んでいます。

土台作りができたら、そこからはグンと右肩上がりになるイメージを持ってください。実際、毎月数十万と家賃収入を得ている人も少なくありません。毎月20万なら年間２００万円強が貯まることになります。

それを次に物件を買うときの頭金にしたり、繰り上げ返済に充てたりすると、収支がさらに良くなっていきます。

広がった融資の枠を最大限に活用して所有物件を増やせば増やすほど、キャッシュフローもどんどん増えていきます。ただし、借入金が増えるため、リスクも増大するので、身の丈に合ったバランスが大切だといえるでしょう。

## 家賃は下がるのを待つな、自分から上げろ

物件は、基本的に買ったときの状態が一番よく、キャッシュフローもいい状態で

す。そこから経年劣化していくので、前述のように、ほったらかしにしておくと、家賃が下がり、キャッシュフローが悪化します。

せっかくオーナーになったのですから、自分の物件は見ておきたいもの。入居者が退出したときがチャンスです。でも、自分の物件が空いたからといって、立ち会うオーナーさんは少ないのが現状です。自分の家を買うときは絶対見に行くのに、投資用となると見に行く人が少ないのは、自分が住まないから。関心がないわけです。そんな姿勢では、自分の物件を「住みたい」と思ってもらえるものにできるはずがありません。

**皆さんは、機会があったらぜひ立ち会ってください。**

不動産会社は物件案内が面倒なので、写真を見せて終わらせたがりますが、そこは強く要望しましょう。自分の物件を見てみれば、「ここは、こうしたらいい」といったことがわかり、アイデアも湧いてきます。リフォームやリノベーションの必要性についても、冷静な判断が可能になるはずです。

自分の物件を見ることは、他の腰が重い、無関心なオーナーたちとの差別化を図るチャンスでもあります。実際のところ、見に行ったときにひらめいたアイデアをもとに手を加え、家賃アップに成功したオーナーさんが増えています。

# 成功のポイント③

**成功する人は**
**銀行の融資の枠を**
**広げることを考える**

**失敗する人は**
**借りっぱなしで**
**その後、何もしない**

## 限界までローンを組んだ後でもキャッシュフローを増やす

成功しているオーナーさんは、銀行の融資の枠を広げることを常に考えています。失敗しているオーナーさんは、そういった発想がないので、一度借りたらおしまいという傾向にあります。少し前に『警備員の○△さんが4年で1億8000万つくった方法』というようなタイトルの本が話題になりました。それは、この融資枠の部分だけをクローズアップして書かれたものです。

融資の枠が広がれば、追加で借り入れが可能になり資産はどんどん増えていきます。したがって、資産を作るのは皆さんが思っているより簡単。大切なのは融資枠の広げ方です。

では、どうすれば融資枠が広がるのでしょう。ここでも強い味方となってくれるのが「繰り上げ返済」です。銀行は、年収に対して上限いくらまでという枠を設定しています。枠だけを設定している銀行もあります。つまり、枠いっぱいまで買うと次の物件が買えないということです。その場合、どのようにすればよいか説明しましょう。

**毎月の返済で、元本は次第に減っていきます。それに加えて、繰り上げ返済をすることで枠がどんどん広がります。また、繰り上げ返済をすることで、ローンの完済が前倒しになるメリットが生まれます。**

ローンを完済した物件が持てると、投資に弾みがつきます。さらに、あなたに対する銀行からの信用度がアップするため、融資枠が広がり、新たな投資物件が購入できます。物件を担保として役立てることも可能です。担保があれば金融機関がお金を貸してくれます。不動産の担保力は絶大ですから、これを利用しない手はありません。成功するオーナーさんは、このようにキャッシュフローを考え、好循環を作り出しています。

## 借入額と収入の増加は比例する

融資枠を広げて借入額を増やすということは、新たな物件の追加購入を意味しています。くれぐれもムダ遣いはしないようにしてください（笑）。

不動産投資は、月々の家賃収入とローンの返済が主な収支になります。たとえば、月6万円の家賃収入が見込めるワンルームマンションを購入するとします。1000万円を金利年2・5％・返済期間35年でローンを組んだ場合、月々の収支である家賃収入とローン返済の差は約2万4000円。毎月2万4000円ずつ貯まっていくわけです（別途管理費等がかかります）。

では、同程度のマンションを10件購入した場合はどうなるでしょう。残債と収支を単純に10倍すればいいだけの話です。どちらの方がお金がたくさん貯まるかは明らかです。

このように、借入額が増えても、増えたキャッシュフローをその分また投資に回せば、さらに収入が増えます。借入額が多いほど、得られる収入は大きくなります。得られる収入が大きければ、次回の投資に回す資金が貯まるスピードも早くなり、加速度的に資産が増えていきます。もちろん、金額が大きくなるにつれて、リスクも大きくなります。これは忘れないでください。どのような物件を購入するかでリスクと戦略は変化します。

## 金融機関は不動産投資ローンに前向きになってきている

アベノミクスで不動産市況が良くなってから、不動産投資ローンをあつかう銀行が増えてきました。数年前まで区分所有ワンルームマンションの場合、融資の上限は年収の6~8倍でした。それが最近では、年収の10倍を超えても融資可能という銀行が増えてきています。

以前は、アパート1棟の場合なら、年収の10倍程度が目安でした（一部例外はあります）。しかし、最近アパートと区分所有の差がなくなってきました。区分所有のオーナーさんが増えている原因のひとつは、そこにあります。

正直な話、銀行もいろいろです。初めての人にも低金利で貸してくれるところもあれば、築古のワンルームマンションにローンを貸したいという銀行もある。築年数の新しい物件に貸したい銀行もあります。**銀行によって融資方法や物件に対する好み、評価の方法やスタンスが違うので、それぞれの特色を知る**ことが大切です。冒頭で述べたように、最近は区分所有への融資に積極的な銀行が増えています。この手の情報は、投資不動産専門の業者でなければ掴めないので、ぜひ懇意の不動産会社を作ってください。

## 成功のポイント④

成功する人は
物件購入時以外に
資金の効果的な使い方を考える

失敗する人は
物件購入時以外に
資金を使うのを嫌がる

## 購入後こそ効果的な資金活用のタイミング

ここまでキャッシュフローを上げることを強調してきました。しかし、物件購入・繰り上げ返済のときだけが投資のタイミングではありません。物件を買うだけがすべてではなく、買った後にもお金をかけるタイミングはいろいろあります。

では皆さん、物件を買った後の投資のタイミングには、なにがあると思いますか？買ってみないとわからない？ごもっともです。でも、実際に物件を購入したオーナーさんでも、わからない人は少なくありません。なにをやったらいいのかわからないから、なにもやらない。そもそも、「え？買ったあともなにかやったほうがいいの？」というオーナーさんがたくさんいます。これはある意味、それに早く気づけば大きなチャンス。**購入後もちょっとしたポイントをおさえて投資していく**だけで、他のオーナーさんとの差をグッと広げることができるからです。

## 成功する人ほど、内装にこだわる

成功するオーナーさんは、物件購入時以外にも資金の有効で効率的な使い方を考えています。失敗するオーナーさんは、購入時以外、資金を使うことを嫌がります。もしくは、使い方を知りません。知ろうとしません。

持っている物件が空室になった場合、成功するオーナーさんは、家賃を上げるために内装を検討します。なぜなら、大家業の基本は部屋を貸すことです。部屋に付加価値をつけ、より高い賃料を得ることは、成功するための第一歩につながるからです。失敗するオーナーさんは「費用がかさむから嫌」といって、せっかくの投資ポイントをみすみす逃してしまいます。

オーナーさんになったら、**常に費用対効果を考えてください**。ROI（return on investment：投資利益率）を意識することが大切です。投下した資本に対して、どれだけ利益を得られるかをパーセンテージに計算して検討していきます。

たとえば、原状回復時にいつもより10万円多く投資して、家賃が相場より3000円上がるように工夫してみる。すると、1年間で3万6000円、家賃収入が増える計算になります。10万円の投資に対して利回りはなんと36％です。金融商品で年36％の利回りを得るのは至難の技。しかし、不動産投資の場合、このような効率のいい投資も可能になります。

## 原状回復時に一工夫

原状回復時に低コストでも効果を上げる内装があります。たとえば、アクセントクロス、壁紙。すべての壁面を変えるとそこそこコストがかかります。そこで、1面だけ色を変え、デザイン性を上げる方法がおすすめです。低コストでの家賃アップが可能になります。

このほか、家賃に影響を与えるものとしては、トイレなどの水回りが挙げられます。女性は特に水回りに物件選びのポイントをおいています。そこでおすすめなのが、ウォシュレット。温水洗浄便座の導入です。5万円程度で設置でき、家賃アップが期待できます。

弊社で最近実際にあった例ですと、原状回復のタイミングで、部屋の壁紙を全面交換し、フローリングのリペア、シーリングライトも羽付きの見映えの良いものに交換しました。加えて、クローゼットの装飾シールを貼り替え。これで部屋のイメージがかなり変わりました。

工事費用は総額28万円。このうち、13万円を元の入居者の原状回復費用でまかない、自己負担額は15万円でした。さて、家賃はというと、リフォーム前の10万8000円から13万円に上がりました。

賃料の上昇額はなんと2万2000円です。これに12を掛けると家賃の増額分は年26万4000円になります。オーナーさんが投資した金額が15万円なので、**ROIは176%**。たいへんな効果です。

このように、部屋をリフォームすると、家賃をかなりアップさせることができます。ただし、原状回復時に毎回リフォームをする必要はありません。「今回はトイレを替えよう」とか「今回は装飾のシールを貼り直そう」など、少しずつ手間を加えていく。すると、物件の価値の低下をおさえることができるわけです。

### 原状回復を工夫し高いROIを得る

**ROIとは?**

**ROI ＝ 想定利益 ／ 投下資本**

つぎ込んだ資本に対して、得られる利益の割合

**内装の追加工事**

**トータル 28万円 / 内 自己負担 15万円**

※残りの13万は、入居者からの原状回復費用でまかなう

▶

リフォーム前家賃……………… 10.8万円
リフォーム後家賃………………… 13万円

リフォーム賃料上昇効果……… 2.2万円 / 月
└→ 2.2万円 × 12ヶ月 ＝ 26.4万円

**ROI ＝ 26.4万円 / 15万円 ＝ 176%**

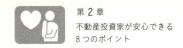

## 成功のポイント⑤

成功する人は
家賃を上げる努力をする
失敗する人は
家賃が下がるのをただただ待つ

## 家賃をより高くする努力と投資を惜しむな

購入した物件の価値を維持するためには、「家賃を高く」する努力が大切です。ポイントは大きく4つ。1つは、**前項でお話ししたリフォーム**。原状回復工事の際に工夫することで家賃を上げる方法です。

2つ目は、**広告料を払うこと**。「借りたい」というお客様を見つけて、契約にこぎ着けてくれる仲介賃貸不動産会社の主な収入源は手数料です。物件の仲介に

**賃貸広告戦略で物件価値を維持**

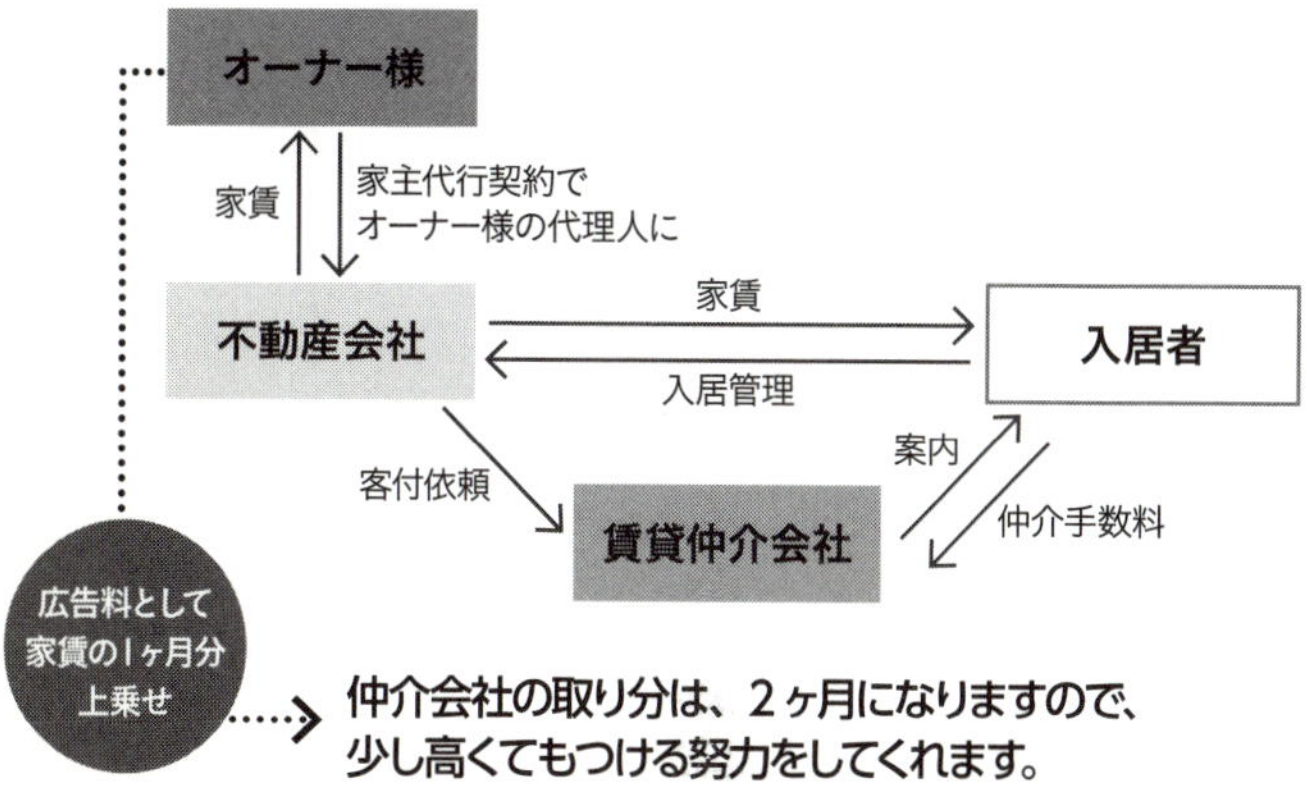

対する手数料の額は法律で決まっています。そこで、「この部屋に入居するお客様を見つけてくれたら、別途で広告料を払います」と伝えます。不動産会社としては、同程度の物件が並んでいたとしたら、当然、お金がたくさんいただける広告料付きの物件をすすめます。その際、少し高めの家賃を設定しておくのもポイントです。多少家賃が高くても、賃貸不動産会社は実入りが多いほうの物件を優先します。不動産会社に頑張ってもらって、空室期間を短縮し、月々の家賃収入が増えることで、広告料への投資はペイできるでしょう。

## ストロングポイントを作り、家賃を高くする

ポイントの3つ目は**買う前に検討する**〝**立地**〟について。**購入戦略**です。家賃が上がりそうな場所に建つ物件を購入するのが、まずは第一です。

購入したら、その物件に住みたくなるようなストロングポイントが必要です。その

ために、オーナーさんは物件の強みを知っておくべきです。このストロングポイントは実際に営業する賃貸不動産会社のために用意するもの。賃貸不動産会社は、毎日数多くの物件を取り扱っています。そんな中、あらかじめ魅力的な営業トークが用意されていれば、あなたの物件をお客様におすすめしやすくなります。営業トークが用意してあるおかげで、他の物件より優先してすすめてくれることもあるかもしれません。

借りてもらいやすい物件にするためには、女性が住みたくなるようなイメージ作りが大事。女性は住居に使うお金をためらわない傾向があるからです。

また、法人契約を狙う方法もあります。家賃が多少高くても問題にならないのが法人契約。なぜなら家賃補助があるケースが多いからです。したがって、法人が借りやすい立地の部屋を購入し、借りやすい部屋に仕立てるのも、ひとつの手です。生活に必要な家具を備え付け、その分を家賃に上乗せする例もあります。

## 売却時にも家賃アップの効果あり

ポイントの4つ目は、**物件売却の際の、いわゆる〝出口戦略〟**。なぜ家賃を高めに設定しておいたほうがいいのかというと、「収入が増える」というのはもちろんですが、銀行の評価方法に対するメリットもあるからです。

不動産評価の方法は大きく3つ。「原価法」と「取引事例比較法」、「収益還元法」があります。この中で、現在、国土交通省がすすめているのが「収益還元法」で、金融機関もそれに追随する形をとっています。

「収益還元法」は、対象の物件が将来得られる収益を現在価値に割引いて算出するもの。具体的には、年間収益から年間経費を差し引いたものを利回りで割った金額がその物件の「収益価格」になります。

たとえば、家賃が8万円の場合と、8万5000円の場合。家賃8万円の場合、家賃収入は年間96万円。便宜上経費を外し、利回りを6・5%とすると収益価格は1476万円になります。これに対して、家賃が8万5000円だと1569万円で、その差は約90万円。売却を考えている場合、家賃を高くつける努力をし続けたほうが利益が上がるので有利になります。

家賃が高いとその分、高く売れるなどメリットが大きい。たかが5000円、されど5000円、ということです。売却する際にも、少し手を入れて賃料を上げると高く売れますから、覚えておいてください。

## 成功のポイント⑥

成功する人は
未来の情報を収集する

失敗する人は
過去や現在の状況に振り回される

## プロを味方に！
## 不動産会社との二人三脚で情報格差を埋める

不動産投資の要となるのが、情報の量と質です。そのためには、積極的な情報収集を心がけてください。**特に重要なのは、3年後、5年後、10年後といった、近い将来についての情報と、最近の不動産のトレンド**です。

世の中の状況は日々刻々と変化しています。不動産投資はトレンドの動きを掴みつつ、長い目で見ることも求められます。逆に、過去の出来事や成功事例にはとらわれ過ぎないようにしたいものです。未来を予測し、そこに資金を投じることこそが投資です。再開発情報や各種法令の改正などから、将来の不動産市況を予測することが大切です。

たとえば、地方の地主さんは「アパートを建てれば大丈夫」といまだに思い込んでいるようですが、いざ建てた後、賃貸物件が乱立したらどうなるでしょう。実際、２０１５年の相続税改正で地方の不動産は供給過剰になるという予測があります。したがって、「アパート経営がおすすめ」というのは5年前の話。状況は変化しています。

〝餅は餅屋〟とことわざにあるように、情報収集には不動産会社などの専門家を活用してください。いくら事業とはいえ、オーナーさんは年がら年中不動産のことを考えているわけにはいきません。一方、私を含めて、不動産会社は３６５日、毎日不動産と向きあっています。不動産業者にしか使えないデータベースサービスもあり、圧倒的に有利な環境にあります。これを利用しない手はありません。不動産業者を味方につけることは立派な戦略です。

## 賃貸需要があり物件供給が少ないエリアをピンポイントで狙う

モノの値段は、需要と供給のバランスで決まります。需要があれば値段は上がる。つまり、需要はあるけど供給量が少ないエリアで物件が購入できれば、高い賃料がとれるので、不動産投資の成功を大きくたぐり寄せることができます。

2007年頃からワンルームマンション規制によって、23区内の新築ワンルームマンションの供給は激減しています。規制の理由としては、ワンルームマンションの入居者は単身者で若者が多いため、夜騒いだりして近隣住民と調和をはかれない、といったことが表向きには言われています。しかし、規制の裏事情として、税制改正が大きな要因となっています。

ワンルームマンション規制の背景には、市区町村への国庫負担金の分配の廃止が関係しています。それ以前は、国がいったんまとめて集めた所得税を、市区町村に分配していました。２００７年の税制改正で分配金がなくなった代わりに、住民税の割合を上げました。これは、「必要な予算は各自でまかなってください」ということ。市区町村の努力によって魅力的な街作りや住民サービスを実現して、住民を増やすとともに税収も増やし、各自治体の自立を促すのが狙いです。

では、なぜ、税制がワンルームマンションに関係あるのでしょう。実は、ワンルームマンションには、実家から住民票を移していないなどの理由から、住民税を払っていない入居者が多いからです。そして、若年層には低所得者も多いという現状もあります。住民税が取れないとなれば、市区町村はワンルームマンションが増えてもらっては困る。市区町村という決まったエリアの中で効率よく税収を得ていくためには、ファミリーや企業に来てもらうのがベター。そこで、排除したいのが単身者向けのワンルームマンションというわけです。

この税制改正のため、とくに東京23区には、ワンルームマンションを建てる際のさまざまな規制が設けられ、建てづらくなりました。その反面、23区内での単身者は、増加の一途をたどっています。つまり、需要は増えているのに供給が追いつかない状態なのです。そうすると、規制前に建てたマンションの価値が上がってくるわけです。これが、ワンルームマンション規制の影響です。成功するオーナーさんは、専門家を味方につけて、このような情報をいち早く掴み、行動に移しています。

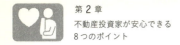

## 23区のワンルームマンション建築規制の概要

| 区名 | 対象建物 | ワンルームマンションの定義・最低専有面積等 | その他の事項 |
|---|---|---|---|
| 千代田 | 4階以上で、ワンルームが10戸以上 | 専用面積30㎡以下（最低専用面積22㎡以上） | ファミリー向け住戸（40㎡以上）の設置（20戸以上の場合） |
| 中央 | 事業区域面積100㎡以上の開発行為 | | 定型型住宅（40㎡以上）の確保（10戸以上の場合） |
| 港 | ワンルームが7戸以上（50㎡以上が総戸数の3/4以上は除く） | 専用面積37㎡未満（最低専用面積25㎡以上、商業地域は20㎡以上） | 家族向け住戸（50㎡以上）の設置（30戸以上の場合） |
| 新宿 | 地上3階以上で、ワンルームが10戸以上 | 専用面積29㎡未満（最低専用面積18㎡以上） | 家族向け住戸（39㎡以上）の設置（30戸以上の場合） |
| 文京 | 3階以上で、ワンルームが15戸以上 | 専用面積29㎡未満（最低専用面積18㎡以上、居室床面積10㎡以上） | 専用面積37㎡以上の確保（30戸を超えた部分の1/2以上） |
| 台東 | 16戸以上 | 専用面積25㎡以上39㎡未満 | 家族向け住戸の設置（総戸数の1/4以上） |
| 墨田 | 15戸以上で、かつ、1/2以上がワンルーム | 専用面積39㎡未満（最低専用面積20㎡以上） | ファミリー住戸の設置（50戸以上の場合、その30%以上） |
| 江東 | 地上3階以上かつ20戸以上 | 専用面積20㎡以上39㎡未満 | |
| 品川 | 3階以上で、ワンルームが15戸以上かつ1/3以上 | 専用面積29㎡未満（最低専用面積18㎡以上、居室床面積10㎡以上） | |
| 目黒 | 10戸以上かつ3階以上（ワンルームが全戸数の1/3以下のものは除く） | 専用床面積33㎡以下（最低専用面積18㎡以上） | |
| 大田 | 15戸以上 | 専用面積37㎡未満（最低は低層居住系地域25㎡以上、その他20㎡以上） | ファミリー型式住戸の確保（15～30戸はそのうち1戸、30戸以上は用途地域に応じて） |
| 世田谷 | 階数3以上で①住居系・準工業地域はワンルーム12戸以上、②商業系は15戸以上 | 専用面積40㎡未満（最低専用面積①は25㎡以上、②は21㎡以上） | ファミリー向け住戸の設置（延べ1500㎡以上で30戸を超えた場合、超えた部分の1/2以上） |

| 区名 | 対象建物 | ワンルームマンションの定義・最低専有面積等 | その他の事項 |
|---|---|---|---|
| 渋谷 | 地上3階以上でワンルーム15戸以上、当該住戸の数が全戸数の1/3以上 | 専用面積29㎡未満（最低は低住専用地域では20㎡以上、その他の用途地域では18㎡以上） | ファミリー向け住戸（39㎡以上）の設置（用途地域による） |
| 中野 | 低層・中高層住専では地上3階以上で12戸以上、それ以外では15戸以上 | 最低専用面積は低層住居専用地域は20㎡以上、それ以外は18㎡以上 | 専用床面積の確保（住戸数の1/5以上は39㎡以上） |
| 杉並 | ワンルーム2戸以上 | 専用面積29㎡未満（最低専用面積18㎡以上、9戸以下は16㎡以上） | ファミリータイプの付置（30戸以上で一定割合） |
| 豊島 | 地上3階以上で15戸以上 | 専用面積29㎡未満（最低専用面積20㎡以上） | |
| 北 | 3階以上で、ワンルーム15戸以上かつ総住戸の1/3を超えるもの | 専用面積25㎡未満（最低専用面積18㎡以上） | 住宅規模50㎡以上の確保（15戸を超える住戸の1/2以上、各住戸床面積25㎡以上の建物は30戸を超える住戸の1/2以上） |
| 荒川 | ①15戸以上②延床1000㎡以上の併用型 | 最低専用面積25㎡以上 | 専用面積60㎡の確保（30戸以上の場合で、半数以上を60㎡以上） |
| 練馬 | ワンルーム20戸以上かつ総住戸の1/3を超えるもの | 専用床面積29㎡未満（最低専用面積20㎡以上） | |
| 足立 | 地上階数3以上かつ15戸以上 | 床面積55㎡未満（最低床面積22㎡以上） | ファミリー用住宅の確保（単身用30戸以上で、29戸を超える住戸の平均75㎡以上） |
| 葛飾 | 階数3以上で15戸以上 | 床面積30㎡未満（最低床面積25㎡以上） | |
| 江戸川 | ①3階以上かつ10戸以上②一団の土地に40戸以上 | | 住居専用面積の確保（戸数15戸未満部分は平均30㎡以上、超える部分は平均70㎡以上、特例あり） |
| 板橋 | 階数3以上で、ワンルーム15戸以上かつ総戸数の1/3を超えるもの | 専用床面積30㎡未満（最低床面積18㎡以上） | 専用床面積の確保（30戸以上となる部分の平均29㎡以上） |

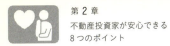

## 成功のポイント⑦

成功する人は
売却シミュレーションを行い
戦略的に売却を行う

失敗する人は
自分の売りたいときに売る

## 〝ストーリー〟で考え、〝出口〟を決めることが大切

成功するオーナーさんは、「売却のシミュレーション」を常に行っています。売却のシミュレーションとは、所有している物件の売却想定額を算出すること。そして、その金額を目安にして、戦略的に売却を行います。つまり、自分が儲かるタイミングを見極めて売却するわけです。失敗するオーナーさんは、タイミングを考えず、自分の都合だけで売ってしまいます。

オーナーたるもの、自分が所有している物件の価格は、気にしていただきたいものです。簡易的にインターネットなどで調べることもできますが、前述のように〝餅は餅屋〟。業界の様子を伺う意味も含めて、不動産会社に聞いてみることをおすすめします。

その際に必ずおさえておきたいのが、市場のトレンドです。これは、できれば不動

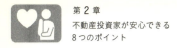

産会社の物件の仕入れ担当者に話を聞きましょう。

そして、近隣の売買相場をチェック。自分の物件の相場を常に意識しておかないと、いざ売るとなったときに損をしてしまいます。不動産に関する情報は、すべてデータベース化されていますから、ぜひ見せてもらってください。そして、いつ売却してもよい状況にしておけば安心です。

しかし、私の個人的な意見としましては、上手くいっている限り、物件は長く所有していただきたいと思っています。

なぜなら、売却も戦略として大切な考え方ですが、売却益よりも家賃収入を大切にするオーナーさんが増えてほしいと考えているからです。そして、実際に家賃収入を長くいただいているオーナーさんの方が成功しているのも見逃せません。

**不動産投資は、行き当たりばったりでやっていると失敗する確率が上がります。**

成功するためには長期的な戦略が必要。というと、難しく聞こえるかもしれませんが、自分にふさわしい投資の道すじ＝「成功へのストーリー」を考え、それに沿った行動をとることが大切です。状況が変化したら、その都度、軌道を修正します。

売却シミュレーションと市場のトレンドチェックは、そうした判断に欠かせません。

# 成功のポイント⑧

成功する人は
前所有者の売却理由を分析する

失敗する人は
利回りだけで判断する

## 中古物件の成功は、売却理由の分析から

成功するオーナーさんは、中古物件を購入する際、前所有者の売却理由を分析します。**「なぜ、前のオーナーさんはこの物件を売るのか」**そのわけを知りましょう。玉石混合とまでは言いませんが、中古物件はまったく同じものが存在しないだけに、文句のつけようがない優良物件もあれば、問題を抱えている物件も少なくありません。

これまでの経験から言えることは、誰もが欲しがるような〝超優良物件〟は、そもそも売り物があまり出ませんし、仮に出たとしても市場に出回ることは皆無。市場に出る売り物件には、なにかしら問題があると考えていたほうがいいでしょう（絶対に問題がある、という意味ではありません。買うときは、そのくらい慎重になったほうがいい、ということです）。

そして、その問題に対処できる方法を考えて購入しましょう。

## 中古物件を購入する際のチェックポイント

オーナーさんが物件を売却する主な理由は、次のとおりです。ひとつは**「利益が確定できたから」**。今売ったら儲かる、ということです。もうひとつは**「持ち出しが多いので売った方が得だから」**。いわゆる〝損切り〟です。このほか、**「修繕費用がかかる」**、**「入居者に問題がある」**などが挙げられます。前の２つの理由はオーナーさんの事情によるもの、後の２つは物件に関する問題といえます。

４つの理由の中で、一番安心できるのが「利益が確定できたから」です。前のオーナーさんは損をしていません。投資物件の売却理由として、一番理にかなっています。

また、同様の理由ですが、**「現金が必要になったから売る」**というケースもあります。投資用物件も、購入のためローンを組んだ場合、団体信用保険に加入します。名義人に不幸があった場合、保険がおり、ローンの残債がなくなるので、極論すると「いくらで売っても儲け」になるわけです。したがって、このような物件は相場より安く買える可能性大。現金化を急いでいる場合、相場より安く売りに出されるケースが多いからです。

2つ目の理由「損切り」も新築ワンルームマンションを購入したオーナーさんによく見られるケースです。前のオーナーさんが運用に失敗したもので、物件そのものに問題はないことも多く、お買い得といえます。この場合はオーナーさんが変わると運用の条件も変わりますから、同じ物件でも、成功するケースがたくさんあるからです。

「修繕費用がかかる」「入居者に問題がある」といった、物件に問題があるケースは、解決のために多大な労力がかかることが多く、おすすめできません。

## 中古物件市場の最近の傾向

新築のワンルームマンションを投資のために購入したものの、維持しきれなくなって手放すケースが増えています。ローンを支払うために、毎月5万円、10万円を自分の財布から出している人、いわゆる〝持ち出し〟がある人が今、たくさんいます。経年劣化で家賃が下がったら、さらに持ち出しが増える。「だったら、傷口が広がるまえに、売ってしまおう」と売却。数百万円の損を出して手放すわけです。

新築でも中古でもワンルームマンション投資は収支がポイント。運用についての考えがなく、マイナス収支で買ってしまった人が失敗しています。逆にそういった物件は割安で購入できるので狙い目ともいえます。

こうした情報は、登記簿謄本を見るとわかります。たとえば、頭金を多く入れている人はローン（残額）が少ないので、「利益が確定できたから売却するらしい」という予測ができます。

また、どの銀行でローンを組んでいるのかも「抵当権者」の記載でわかるので、ローンの種類などから支払額を類推して「この人は持ち出しが多いから売るらしい」といった想像も可能です。

さらに、マンションの場合、不動産会社から重要事項調査報告書を取り寄せれば、修繕の履歴がわかりますし、入居者に問題がある場合などは賃貸履歴で調べられます。大きな買物になりますから、ご自身で足を運んでみることも含めて、**事前にいろいろな角度から候補となっている物件を調べてください。**利回りだけで判断し、多額の修繕費で悩まされているオーナーさんもたくさんいます。価格や利回りといった、数字に惑わされないことが成功のポイントです。つけ加えると、マンションは持ち出しが原因で、アパートは購入後の修繕で失敗している人が多いです。よく覚えておいてください。

# 第3章

# 不動産投資成功のために必要な5つのスキル

## 無知で成功するほど、不動産投資は甘くない

なにも知らないまま、言われるがままに物件を購入して、そのまま波風なく成功してしまう人もなかにはいます。ただし、そんな人は例外中の例外。基本的に、不動産投資は、良い物件を買ったからといって、成功するわけではありません。物件探しにばかり心血を注ぐ人が大勢いますが、「良い物件はない」と考えるべきです。なぜなら、良い物件ならオーナーさんが手放しませんし、なにかの拍子で売ることになっても、市場には出回らないからです。

したがって、目安となる相場と比較しての良し悪しが目安になるだけ。物件探しに労力を費やすより、**普通のマンションを購入して、「いかに成功するか」を考えたほうが賢いわけです。**

買った後になにをするかで、不動産投資は変わってきます。同じ価格で購入した物

件でも、その後、どんな手だてを施しているかで収支は大違い。必要な知識を得た上で、購入後を考えたほうが、成功する確率は大幅に向上します。

## 成功するために必要な5つのスキルとは？

これまでの私の経験から言うと、投資物件を購入したオーナーさんは、その後、あまり顔を見せてくれなくなります。買って安心してしまうのだと思います。私は、実は面倒見が良い方なので、心配になるわけです（笑）。そこで、なるべく会っていただくような工夫を、いろいろと行っています。

私は不動産投資の専門家ではありますが、資産運用の当事者ではありません。**主役はあくまでもオーナーさん。クルマの運転で言えば、ドライバーはオーナーさんで、私はナビゲーターです。**

したがって、行きたい方向にオーナーさん自身でハンドルを切ったり、アクセルを踏んだり、ブレーキを踏んだりしなければ、物事は進みません。私は「こういうふうにすると良いのでは？」とか、「こういうやり方もあります」とアドバイスするのが役割です。

ただ、不動産会社がナビゲーターをやるケースは少ないようです。たいがい、売ったらおしまい。その結果、ナビなしの物件を抱えた彷徨える〝ドライバーさん〟を量産しています。

実際、私のところにも「どうしたらいいですか？」と相談に来る〝他社の〟オーナーさんが少なくありません。

オーナーさんにとって大切なのは、専門家を味方につけること。私は、オーナーさんを対象としたセミナーやイベントを開催することで、お会いする機会を増やしていますが、セミナーはオープンなので、〝他社で買われた〟オーナーさんもよく聞きにいらっしゃいます。なぜ聞きにくるのかといえば、他社からのアドバイスがほとんどないからです。

**平均的なマンションを購入して成功する方法は確実に存在します。**

本章で、購入前はもちろん、購入後でも欠かせない、不動産投資成功のために必要なスキルをお伝えしましょう。

成功のためのスキルその①

# 貯金力

## 年金制度は崩壊へのカウントダウンが開始

公的年金制度の崩壊が叫ばれています。実際のところ、アベノミクスが失敗に終わった場合、積立金が枯渇し、年金制度が事実上の崩壊状態に陥る公算は高いようです。そんな最悪のシナリオはともかく、少子高齢化によって、年金の支給開始年齢の引き上げや、支給額の減額が加速していくのは避けられません。

そこで必要なのが、まず、老後のビジョンを考えてみることです。日本人の２０１３年の平均寿命は男性が80・21歳、女性は86・61歳で、今後さらに伸びていくでしょう。そんななか、仕事をリタイアしてからも余裕を持って暮らしていくためには、いくら必要になるのか。ざっくりで構わないので、金額を算出してみることをおすすめします。その金額が、あなたの資産運用の、さしあたっての目安と目標になるからです。

目標が決まったら、さっそく資産運用にとりかかりましょう。早く始めるに越したことはありません。時間を味方につけることができるからです。**不動産投資に大切なのは、実はスピード**。目標の年齢までに、必要となる老後の資金を貯めないと意味がありません。たとえば、ビル・ゲイツのようなエグゼクティブなら、100万円くらいあっという間に稼ぎ出してしまうでしょう。しかし、普通のサラリーマン、社会人の場合、100万円を用意するには半年、1年、2年かかります。この、資金として自由になるお金を、最大限にスピードアップするのが、成功の秘訣と言えます。資金力をつけるための、〝**貯める力**〟です。私はこれを「貯金力」と呼んでいます。

## 不動産投資があなたの30年後を救う

本書をここまで読んできて、「貯金を続けて、貯蓄額を殖やせば、わざわざ不動産投資をする必要なんてないんじゃないの？」を思っている人も、いらっしゃるかもしれません。たしかにお金をコツコツ貯めていけば、それにつれて貯蓄額も増えていきます。しかし、**貯金には大きな問題点があります**。それは、金利とインフレ率です。

　現在、銀行の普通預金の金利は年０・０２０％程度。定期預金でも10年物で年０・１％程度です。普通預金に１００万円を預けても、年に２００円しか利子がつきません（逆に言えば、国の低金利政策のおかげで不動産投資ローンもこれまでにない低い金利に抑えられています。つまり、借りた方がトクというわけです）。

　一方、今政府と日銀が掲げているインフレ率は、年２％。これは国策なので、国として実現しないわけにはいきません。そこで、年に２％ずつ物価が上昇するようにいろいろと動いているわけです。となると、今年１００万円で買えたものが、翌年は１０２万円出さなければ買えなくなります。額面はそのままに、お金の価値がじりじりと下がっていきます。

　銀行の金利がインフレ率を上回っていれば、預けっぱなしでも問題はありません。ところが、インフレ率にまったく及びませんから、貯金したお金の価値は減る一方。利子がつかないタンス貯金にいたっては、言わずもがなです。そこで必要なのは、一所懸命に貯めた大切な資金を、できるだけ少ないリスクで有効活用できる投資先。その最有力候補が、「不動産投資」になります。

## 頭金10万円からでも不動産投資は始められる

不動産投資は、頭金10万円プラス諸費用からスタートできます。「ある程度資金が貯まったらやります」と言う人が多いのですが、結論から言わせてもらえれば、少ない金額からでも、とにかく始めたほうがいい。「頭金が多ければ多いほど、その後の支払いが楽になるから」が、〝貯まってからやりたい人〟の主旨だと思います。しかし、300万円貯めようが、500万円貯めようが、どのみちローンを利用することに変わりはありません。早く始めることで、ローンの元本も減り始めます。元本の償却と月々のプラス収入と貯金を同時に行うほうがメリットがあります。ならば、早いうちに長めのローンを組んでしまったほうが、返済は楽で、結果的にお得になります。

**不動産投資は「思いたったら吉日」**です。「何歳くらいから始めればいいですか?」というご質問もよく頂戴しますが、スタートは早ければ早いほどいい。ただし、ひとつハードルがあります。それは、ローンの審査。これが通るなら、という条件つきで、「なるべく早く始めたほうがいい」と申し上げましょう。

頭金の件も含めて、早く始めたほうがいいのには、もうひとつ理由があります。それは、「繰り上げ返済が可能」になるからです。ほとんどの場合、毎月の家賃収入でローンの支払いはまかなえ、浮いた分の家賃が手元に残り収入となります。すると、毎月、節約して浮いたお金も貯めることができます。頭金を作る場合と同じです。そして、貯まったお金プラス不動産投資の収入をローンの繰り上げ返済に充当します。するとローンの完済が早まりますから、その結果、物件を〝自分のもの〟にできるスピードもアップ。〝貯めてから買う〟より、〝買ってから貯める〟ほうが効率がいいわけです。

## 30歳、貯金額300万円が始め時!

「いつ、始めたらいいですか?」こう質問されること、多いです。前述のように不動産投資は〝思い立ったが吉日〟ですから、「今すぐ」が私の答えになります。あえて、目安を申し上げるなら、〝30歳〟。その理由は、「30歳なら300万円くらいの貯金はあるでしょ」ということ。つまり、ポイントは年齢ではなく、貯金額にあるのです。

と申し上げると「あれ? 頭金10万円からスタートできるんじゃなかったの?」と首をかしげる人もきっといるはず。説明しましょう。頭金10万円でスタートできるのは、たしかです。ただし、ローンを組まなければなりません。銀行のローンの審査をパスするには、あなたに〝**信用**〟が必要です。銀行はあなたの信用度を、勤めている会社の規模や内容、勤続年数や年収などから判断しますが、その際、年相応の金額の貯金（＝300万円ほど）があれば、有利にことが運びます。なぜなら、貸した後も貯金があれば安心して貸せるからです。銀行からお金を借りやすくするために、ある程度まとまった金額の貯金はあったほうがいい、と言えるでしょう。

## 口座は分ければ貯金力が上がる

これまで1000人以上の方とお会いしてきて、貯金がある人とない人の傾向がわかりました。まず、財形貯蓄などをやっている人はお金が貯まっています。考えてみれば、「飲み会があるから、財形貯蓄使っちゃおう」なんて人、聞いたことありません。「自社株売って飲みに行こう！」なんて人も、おそらくいないでしょう。給料から天引きされて、いつしかそれも忘れてしまい、ある日「そういえばこんな貯蓄、やってたな」と気付くような状態にしておくと、お金が貯まっていきます。

さて、不動産投資のオーナーさん、大家さんも貯金力の高い人が少なくありません。なぜ、お金が貯まるのかというと、通帳を分けているからです。普段の生活、いわゆる〝家計〟で使う口座と、家賃用の口座を分けている人がほとんど。家計の口座のキャッシュカードは財布に入れていても、家賃用の口座のものは持ち歩きません。使わないから。そうすると、家賃用の口座には、勝手にどんどん家賃が貯まっていきます。不動産投資のオーナーさんの貯金力が高い理由は、そこにあります。

「なかなかお金が貯まらない」「すぐに使っちゃう」という人は、**お金の環境を変えましょう**。まず、家計用の口座のほかに、貯金用の口座を作ります。その口座に、定期的かつ自動的に一定額を入金できるようにしましょう。そして、**貯金用口座のキャッシュカードをハサミで2つに切っちゃう**。すると、お金をおろすためには、銀行の営業時間内に、通帳と印鑑を持ってわざわざ足を運ばなくてはいけません。そんな面倒くさいことをやるくらいなら、飲み会の1回や2回、我慢するはずです。そうすると、お金が貯まります。

余談ですが、コンビニのATMでお金がおろせるようになってから、自己破産者が増えたそうです。クレジットカードの自己破産もそう。便利になりすぎてしまったんです。人間、お金が手元にあると、ついつい使いすぎてしまう生き物なので、あえて不便に。これ、意外と大事です。不動産投資以外の、普段の生活などにも参考にしてください。

成功のためのスキルその②

# 会計力

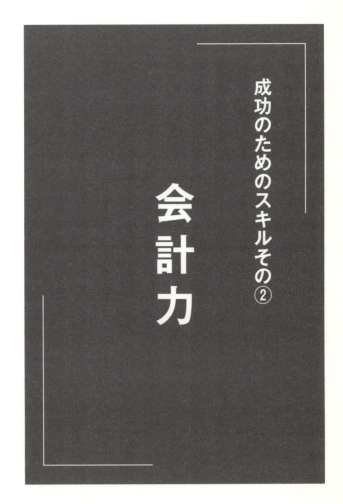

## 不動産オーナーに必要な4つの会計力

「会計力」というと簿記などの数字に対する専門的な知識や技能が必要なように感じるかもしれませんが、そうではありません。一言でいえば、自分が手がけている不動産投資を「数字」の面から掴んでおきましょう、ということ。投資に数字はつきものですから、苦手意識を捨てて、数字に親しむようにしていきましょう。

不動産オーナーには4つの会計力が必要だと私は考えています。

### 会計力その①「銀行から融資を引く力」

資産（購入した投資用物件）が増えるにしたがって、銀行から融資を受けるのが難しくなります。銀行は一定の枠内の金額までしか融資してくれません。投資用物件の購入には銀行の投資用不動産ローンを利用しますから、融資の枠がどんどん狭くなってしまうのが、その理由です。

銀行からさらなる融資を引き出すには、プラスアルファの要素が必要になります。一番身近な手段でいえば、貯めた家賃収入などで繰り上げ返済する、あるいは、頭金を多めに用意する、など。ローンを完済している物件があれば、それを担保に融資を引き出す方法もあります。つまり、**「余担（よたん）」を作る**ことです。

「余担」とは、字面からおわかりいただけるように〝余分な担保〟のこと。担保に余裕を作ることで融資枠を広げ、銀行からの融資を引き出すわけです。実はこれ、ワンルームマンションなど区分所有ならではの〝技〟。1棟買いのアパートともなれば価格が高額になりますから、完済するのもたいへんです。スイスイ返せてしまうワンルームマンションの〝特権〟とも言えるでしょう。

**会計力その②「自分の資産を理解する力」**

不動産投資を始めたのはいいけれど、自分の資産状況がどうなっているのか、理解していない人が意外と多いものです。当初はわかっていても、時間が経つに連れて把握できなくなる。**不動産投資は「今日明日」という短い時間で結果が出るものではありません。**マラソンのように、長い距離を長い時間をかけて走るようなものですから、給水ポイントで水を飲むように、要所要所で状況をチェックしておく必要があります。なぜ「資産」を理解しておかなければならないのかというと、一番は、所有している投資物件を手放すとき必要になるからです。物件の価格は、その時々の相場で決まります。その価格で物件を売ったとして、はたして儲かるのか。本当のところは、それまでに自分がその物件に対して投じてきた、時間やお金なども含めた「資産」の状況を理解していないとわからないのです。正しい投資判断をするために、この力は重要と言えるでしょう。

**会計力その③「自分の所有物件がどれだけ利益を生んでいるか理解する力」**

この「自分の所有物件がどれだけ利益を生んでいるか理解する力」は、前出の②「自分の資産を理解する力」と相関関係にあります。**「今の時点で、自分の投資物件がどれだけ利益を出しているのか、儲けているのか」**を定点観測していくことにより、適した〝売り時〟が把握できるようになります。

また、この③は、不動産投資へのモチベーションを維持するために有効です。物事、成果が見えないとやる気がしぼみます。ところが、不動産投資の場合、自分から意識的に見ていかないと、資産状況がわかりづらいので、徐々に興味が失われてしまいがちです。不動産投資を成功に導くためには、一定のタイミングで状況を確認していくことが欠かせません。

## 会計力その④数字から改善点を見つける力

オーナーさんにとって最も気になる数字は、収入に直結する「入居率」でしょう。したがって、この数字を改善し、向上させることが喫緊の課題となります。ただ、ワンルームマンションの場合、アパートと比較して空室期間が長期になってしまうことが格段に少ないため、その先を考えたほうがいいでしょう。**〝その先〟とは、家賃を値上げして、収益性をさらに向上させること**。前出の②と③を意識しながら、もう少し細かく、管理に関する数字なども併せて見ていくと、「ここをこうすれば、もっと物件の収益性が上がるのでは？」というポイントが見えてくるはずです。繰り上げ返済もここに入ります。

アパートの場合、入居率を上げるためには部屋の中だけでなく、建物自体のメンテナンスにも多額の費用を投じる必要が出てきます。これに対してマンションは、管理組合がしっかりしていれば、建物に関しては〝おまかせ〟で大丈夫。オーナーさんは専用部分の部屋の中だけに注力すればいいので、ずいぶん気が楽です。

## 不動産投資成功のために、最低限把握しなくてはならないもの

不動産投資を成功させるためには、まず、良い物件を探すよりも「リスクの少ない物件」に出会うこと。そして、購入後になにをするかが決め手になります。

リスクの少ない物件とは、たとえば、高めの家賃でもコンスタントに入居者がいて、空室になることが少ないもの。**「高めの家賃」の目安は、ワンルームでズバリ**

**8万円**。これ以上の家賃だと入居者からのクレームはほとんどありません。あるとしたら設備の故障くらいでしょうか？　低めの家賃は入居者がすぐ決まりそうな印象がありますが、経年劣化により設備にガタが多いため入居案内時の印象も悪く、入居後もいろいろなクレームが多くなってしまいます。

不動産のリスクというと、火事や地震がまず思い浮かびますが、これらは保険でカバーできるので、あまり心配する必要はありません。注意すべきなのは水害です。台風やゲリラ豪雨の被害は、都心部も例外ではありません。低地や坂の多い地域の物件は、ハザードマップを調べてから購入しましょう。

## 「利回り」はあてにならない

不動産投資の一番のメリットは、利回りより**「レバレッジ」**だと私は考えます。利回りはあまりあてになりません。レバレッジとは、もともと**〝てこの原理〟**のこと。

本書では、他人資本を活用することによって自己資本の利益率を高めることを言います。利回りよりレバレッジを意識して、不動産投資に取り組みましょう。

なぜ利回りがあてにならないかというと、利回りの数字より、レバレッジのＲＯＩの数字のほうがはるかに高いからです。そして、利回りをあてにしすぎて購入後の修繕で困っている人が多いからです。さらに言うと、利回りの低いリスクの少ない物件でもレバレッジを使うことで得られるメリットがたくさんあるということです。ちなみに利回りとは、物件の年間の家賃収入を物件価格で割った数

## レバレッジについて

**レバレッジとは？**

経済活動において、他人資本を使うことで、自己資本に対する利益率を高めること、または、その高まる倍率。

**レバレッジ効果とは？**

他人資本を導入することで同額の自己資本でも、より高い利益率が上げられること。

字が**「表面利回り（グロス）」**、家賃収入から諸経費を差し引いたものを、物件価格に購入時の諸経費を足したもので割った数字が**「実質利回り（ネット）」**と呼ばれています。当然、表面利回りのほうが、実質利回りよりも高めの数字となります。不動産会社が広告に使うのは表面利回りです。この利回りは、高くなればリスクも高くなることを理解してください。実際、利回りだけで判断し、購入後困っている方もたくさんいますので、注意したいところです。

## 不動産所得にかかる税金

動く金額が大きい不動産だけに、「税金がたっぷりかかるのでは？」「税制はよくわからないので大変そう」といったイメージがあるかもしれません。ですが当面は、固定資産税と不動産所得税、印紙税くらいしかかかりません。経営がうまくいって利益が出ると所得税、住民税もかかりますが、収入のメリットの方が勝っているでしょう。購入した翌年からは固定資産税・都市計画税のみです。

「節税」を考える場合は、税の申告期限ぎりぎりの3月になってからでは遅過ぎます。年内の遅くとも11月には、まず申告金額を概算してみましょう。課税金額の税率は段階的に分かれていますから、たとえば「あと10万円経費をかければ、税率が軽い段階に入る」といったケースが出てくることも。とはいえ、入居者が住んでいる場合、壁紙の貼り替えなど大がかりなことはできません。そんな場合には、給湯器やエアコンなどを交換します。**入居者に喜ばれ、なおかつ節税もできて、一石二鳥**。税の計算は、実はそれほど難しくありません。勉強会を開催している会社もありますから、ぜひ利用しましょう（もちろん、私の会社でも実施しています）。

## 大切なのはゴールをイメージした目標設定

不動産投資で大切なのは、目標設定です。ゴールをイメージして、目標を定めましょう。設定のコツは、まず、**最終目標を明確にすること**。「早期リタイアが最終的な目標です」と言う人が多いのですが、では、それを実現するためにはどのくらいの資産が必要なのか。具体的な金額をはじき出したほうが、その後の行動が明確になります。たとえば、「月50万円欲しい」ということなら、それを少し上回るくらいの家賃収入を得ること。するとそのために、家賃いくらの物件を何部屋持てばいいのかが見えてきます。

設定のコツ、もうひとつは、**中期目標を定めること**。目安として「5年後の不動産投資からのキャッシュフロー（手元に残る現金）をどの位にすれば良いか」です。目先の目標金額は、月10万円程度。年間１００万円貯めることができれば、繰り上げ返済や物件の追加購入の頭金など、不動産所得だけでいろいろと運用できるようになります。

## 会計力のベースは〝帳簿〟にあり

本書でいう「帳簿」とは、税務署などに提出するための公的な申告書のことではありません。いたって私的なものです。極論すれば、ご自身が把握できれば、どんな形態でもかまわない、といった類のものです。

「帳簿」の具体的な内容は、ご自身の資産に対する「損益計算書（PL）」「貸借対照表（BS）」「キャッシュフロー計算書（CS）」と、「物件1部屋ごとの損益と賃貸・修繕履歴」になります。「帳簿」がないと、投資によっていくら利益が出ているのか把握できません。つまり、儲かっているかどうかがわからないので、持っている物件を売るに売れなくなってしまう……、といった事態に陥ってしまうわけです。しかし、驚くべきことに、オーナーさんの多くが「帳簿」をつけていません。**本書を手にとった皆さんは幸運です**。第4章で「帳簿」に関する知識を身につけてください。

成功のためのスキルその③

# 投資判断力

## そもそも「投資判断力」とは？

ひと口に不動産投資といっても、その中身にはいくつかの段階やポイントがあります。とくに重要なのが、「お金を使うタイミングはいつなのか」の〝**投資判断**〟です。これまでにも述べてきたように、不動産投資においてお金を使うタイミングは、物件を購入するときだけではありません。繰り上げ返済のとき、入居者が退出したときのリフォーム、そして物件の売却時などがそれです。それぞれ適切なタイミングで適切な投資を行うことによって、得られる利益には大きな差が出ます。流れに任せてお金を投じるのではなく、オーナーとして戦略的な観点から投資を判断していきましょう。

## 今、買うべき物件は？

昨今、不動産価格の相場が上がっているのは事実ですが、心配するほどの状態ではありません。アベノミクスの影響で、一回ぐっと上がり、また落ち着きを取り戻しています。2020年のオリンピック開催や山手線新駅など再開発の効果が取りざたされていますが、**一番注目すべきなのは、2015年1月1日から施行された相続税の改正**です。以前の主な課税対象者は地方の地主さんでした。しかし、改正後は、首都圏の一戸建てを所有している人の多くが相続税の課税対象になってきます。

その人たちが、いったいどのような対策を取るのか。自分が住んでいる一戸建て以外に土地がないので、アパートを建てたりするのはちょっと難しい。でも、現金で数千万の貯蓄はある。そんな場合、手持ちの現金のうち、2000万円～3000万円でワンルームマンションを購入して運用するケースが増える、という予測があります。従来の通り、地方の地主さんが自分の土地をアパート経営で活用するケースも不変ですが、土地を持っていない首都圏の人たちの不動産投資参入も増えるわけです。

私がおすすめする不動産投資物件は、「都心の中古ワンルームマンション」だと自負しておりますので、前述の理由から競争相手が増えていきます。始めるなら、なるべく早く着手したほうがいいのは、こういった理由もあるからです。

ひとつ付け加えるなら、新築ワンルームマンションにもメリットはあります。それは、ずばり**節税**です。独身の会社員で、年収が２０００万以上の方には支出をはるかに上回る節税効果があります。「新築・イコール・問題外」ではありません。ただ、逆に言えば、まだ若く、年収の少ない人が買ってもあまり効果は期待できません。

## 不動産投資としてワンルームがなぜいいのか?

私が不動産投資のための物件として、あえて都心の中古ワンルームマンションをおすすめする理由は、ひと言でいうと**「失敗が少ないから」**です。他の投資手段と同様に、不動産投資にもリスクがあります。利回りばかりを追求していくとリスクは上がります。一般的に、アパートはマンションに比べてリスク大。とくに木造ならなおさらリスクがあります。空室の問題と修繕の問題が常につきまとうからです。

ワンルームマンションは、立地が良ければ入居者に困ることはあまりありません。なぜなら、2000年以降のワンルームマンションは、入居者に入居してもらうことを考えた設計をしているからです。つまり、成功しやすいということ。リスクは小さめに、なるべく手堅い不動産投資を望んでいるのなら、都心の立地の良い中古ワンルームマンションが一番です。

リスクの許容量が大きい人なら、高いリターンを狙ってアパートを経営するのもありだと思います。選択はオーナーさんの都合次第。ただ、初心者の人は、手堅い、リスクも少ない中古ワンルームマンションから始めたほうがいいでしょう。

## 必要なのは〝戦略〟と〝アクション〟

せっかく購入する投資物件です。得られる利益は最大化を狙いたいもの。そのためには、〝戦略〟とそれを実現する具体的な〝アクション〟が必要になります。

投資物件から得られる利益の源は、言うまでもなく月々の家賃です。同じお金を払うのなら、なるべく高い家賃を取れる物件を購入すること。そして、その家賃を維持していくことが重要です。

そこでまずは**「購入戦略」**。投資物件はなにより立地が大切です。家賃が上がりそうなところ、高めの家賃でも「住みたい」という人が多いところを狙いましょう。詳しくは第5章でお伝えしますが、今なら虎ノ門や品川など、再開発にからんだ地域が注目です。

購入後の戦略とアクションとしては、大きく3点。まず、**マンスリーマンションや**

**家具付きマンションで使ってもらうことも選択肢に入れましょう。**高めの家賃で安定した家賃収入が確保できます。２つ目は、**原状回復工事**。退居時の原状回復を工夫することで家賃を上げることができます。一工夫して、物件の価値を上げましょう。

そして３つ目は、**不動産の仲介業者さんに広告料を払うこと**。入居者を見つけてくれる仲介業者さんは、仲介手数料で商売しています。そこで「この部屋の入居者を見つけてくれたら、別途で費用を払います。だから、家賃高めでお願いします」と依頼しましょう。仲介業者さんとしては、当然、実入りが多いほうを頑張ります。高めの家賃設定は、広告料を多めに払うことで実現できます。この〝裏技〟、覚えておいて損はありません。また、フリーレントなど入居者のメリットを増やすことも戦略のひとつです。

## 不動産投資に「レバレッジ」がかけられる理由

レバレッジがかけられる投資手段は、実は限られたものしかありません。FXや株、金融派生商品、不動産投資、そして、ビジネスがそれです。これらの中で、**銀行が融資してくれるのは、不動産投資とビジネスだけ**。「FXをやりたいからお金を貸してください」と言っても、銀行は相手にしてくれません。さらにいえば、損害保険がかけられるのも、不動産投資とビジネスだけです。不動産投資は、それくらい信用があり、かつ、安全なものであることを認識しておきましょう。

不動産投資に信用があり、守られている理由は大きく２つあります。ひとつは、歴史。日本の不動産投資の起源は、江戸時代までさかのぼります。時代劇の舞台によく登場する〝江戸長屋〟をご存知でしょう。表通りが商店で、裏に回るとワンルーム（!?）の住宅が並んでいる、あれが大本。以来、４００年以上続いている時代に左右されない安定したビジネスモデルです。

もうひとつの理由は、担保があるから。担保としての不動産の力は不変であり、絶大です。これに加えて、**不動産投資（マンション投資）に関するノウハウが、ここ20年ほどで銀行に蓄積されてきた**のも要因と言えます。銀行としても、いろいろなケースを扱ううちに、傾向を理解し安心して融資ができるようになったのです。

## レバレッジ効果を示す「ＲＯＩ」

レバレッジの効果を推し量る尺度として便利なのが**「ＲＯＩ（return on investment：投資利益率）」**です。想定利益の金額を投下資本の金額で割り、求めます。これにより、つぎ込んだ資本に対して、得られる利益の割合が数字で掴めます。

私は、不動産投資の一番のメリットはレバレッジだと思っていますので、しっかりご理解いただければと思います。

たとえば、１０００万円のマンションを頭金１００万円のローンで購入したとします。月々の家賃収入からローンの返済分を差し引いた後、年25万円のキャッシュフローが得られました。25万円を１００万円で割ってみたところ、ＲＯＩは25％でした。

一方、同等のマンションを全額現金で購入したとします。家賃収入がまるまる懐に入りますから、キャッシュフローは年72万円。この金額を投下資本である1000万円で割ると、ROIは7・2%になります。

この2例を比較してみると、ローンで購入した場合のROIが、現金で購入した場合のROIの3倍以上に。つまり、ローンで購入したほうが、レバレッジが効いていることになります。これが、**ローンという「他人資本」を活用した投資**です。どちらがスピーディーに、より多くの資産を形成できるかは明らかです。

## ROIとレバレッジ

**ROIとは?**

**ROI ＝ 想定利益 / 投下資本**

つぎ込んだ資本に対して、得られる利益の割合

| | |
|---|---|
| 価格 | 1,000万円 |
| 頭金 | 100万円 |
| ローン | 900万円 |
| キャッシュフロー(年間) | 25万円 |

**ROI ＝ 25万円（想定利益） ÷ 100万円（投下資本）**

**＝25%**

| | |
|---|---|
| 価格 | 1,000万円 |
| 頭金 | 1,000万円 |
| ローン | 0万円 |
| キャッシュフロー(年間) | 72万円 |

**ROI ＝ 72万円（想定利益） ÷ 1,000万円（投下資本）**

**＝7.2%**

## 追加購入は得か？

投資物件の追加購入は「お得」です。他人資本を利用し、レバレッジを効かせてスピーディーに資産形成できるのが不動産投資最大の利点。それは追加購入を抜きにしては考えられないからです。

追加購入のタイミングは早ければ早いほどいいのですが、不安を抱えたまま突き進むのはおすすめできません。最初の物件を購入してから半年ほど経つと、勝手がわかり心理的な負荷が下がります。**「どんどんいっても大丈夫」**という感覚が腑に落ちてから先に進むのがいいでしょう。

自己資金をほとんど使わずに毎月コンスタントにお小遣い程度の金額が入ってくるのは〝いい話〟です。でも、扱う資産額の桁が変われればもっとお金が入ってくるようになります。せっかく不動産投資の道を進むのなら、**ぜひ上を目指していただきたい**

**と思います。**

## 投資結果こそ、あなたの財産になる

投資の結果やそれに至る過程は、ノウハウになります。ノウハウは「魚を与えるのではなく、魚の釣り方を教えよ」という古くからの格言になるほど、重要です。魚の釣り方がわかれば、飢え死にする心配がなくなります。同様に、お金の増やし方がわかっていれば、お金が増やせます。経営がわかっている社長さんが、会社を大きくすることができるのと同様です。

不動産投資の場合も、結果を残す方法を知っていれば、成功することが可能になります。始めは関連書籍を読んだり、セミナーに出席したり、成功しているオーナーさんから話を聞いたりしながら、積極的に学んでいきましょう。そして、少しずつ、自分でも経験を積み重ねて、ノウハウを築いていきましょう。

成功のためのスキルその④

# 予測力

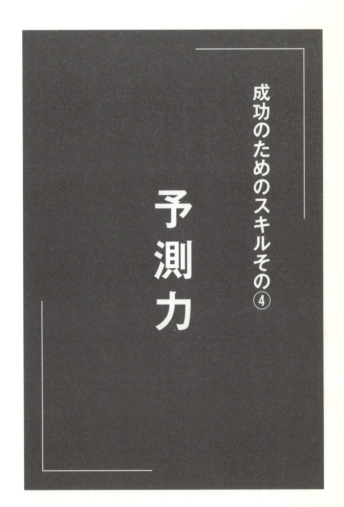

## これからの不動産投資トレンドを知るために

「予測力」とは、不動産に関する各種資料や事象から今後の動向を予測できる力を言います。不動産投資で失敗しないためには不可欠な力です。この予測力が必要になるタイミングは、大きく分けて3つのタイミングがあります。**購入時**と、**入居者の退居時**、そして**物件を売却するとき**です。

そこでまず、予測力に欠くことができない「トレンドを読む力」からご説明しましょう。トレンドを読むには、アンテナを広く張り、情報収集を怠らないことが肝心です。新聞には必ず目を通しましょう。雑誌やテレビ、インターネットから情報も必要に応じてチェック。法令改正や再開発といった今後のトレンドを形成するような情報は省庁や都道府県、市区町村のホームページを参照してください。

不動産のトレンドの周期は、従来それほど早いものではありませんでした。それが、2013年からのアベノミクスで大きく変化したのです。バブル崩壊からようやく持ち直してきた不動産価格は、2008年のリーマンショックで再び値崩れを起こしました。そこで「物件をいかに安く買うか」が潮流に。ところが、アベノミクスによって不動産価格は上昇に転じたおかげで、トレンドは「これから（価値が）上がってくる場所をキャッチして、早めに確保する」という流れに変わってきました。情報は常に新鮮なものを取り入れるようにしましょう。たとえば、以前の不動産投資は地方にある物件が好調でしたが、今は苦戦している地方が多くあります。5年前、10年前と状況は変わっているので、古い情報に惑わされないように注意してください。

## 物件に隠された〝過去を知る〟

次に、各々の物件を選ぶ際のポイントをおさえる力をご説明しましょう。〝餅は餅屋〟のことわざ通り、不動産物件に関する情報なら、やはり不動産会社にかなうものはありません。前出の法令改正や再開発に関しても、地域の細かい情報は不動産会社に聞くのが一番です。

加えて、不動産会社には、不動産業の免許がないと使えない、業者専用の情報サービスがあります。レインズやアットホーム、ホームズなどがそれ。全不動産業者の情報がデータベースとして集約されているので、その情報量といえば、半端なものではありません。オーナーさん自身の成功体験しかない個人と違って、不動産会社は成功例も失敗例も数多く知っています。ぜひ気に入った不動産会社に足しげく通って、信頼関係を築き、いろいろな〝インサイダー情報〟を聞き出せるようになりましょう。

物件を選び、「これは！」というものに絞り込めてきたら、その物件に関する情報を集めることが大切です。素性がよくわからない人と結婚するなんて、あり得ません。投資物件も同じこと。長い付き合いになるのですから、慎重に選ぶべき。前所有者の売却理由は必須です。このほか、謄本や重要事項、調査報告書、売買履歴、賃貸履歴などを不動産会社などからリサーチしましょう。

ちなみに、不動産業者にも種類があります。その中で仲介業者は、物件を売りたい人（貸したい人）と買いたい人（借りたい人）の間の仲立ちが仕事。したがって、アフターフォローはありません。めんどうくさがりやの方は、**フォロー体制の整った「売主」の不動産会社を頼る**のがいいでしょう。業者を味方につけることも立派な戦略のひとつです。

## 東京五輪、アベノミクス効果

アベノミクス〝3本の矢〟の中の3番目の矢「成長戦略」。その一環として、2014年5月、特区法第13条「旅館業法特例」が決まりました。近年の日本は、外国人旅行客にたくさん訪日してもらう方針をとっています。古くは、2003年小泉政権のとき「ビジットジャパンキャンペーン」という観光立国を掲げた政策があり、2013年は来日した外国人旅行者数が1000万人を超えました。2015年1月には、1300万人を超えたという報道もありました。これを、東京オリンピックが開催される2020年までに2000万人へと倍増させるのが当面の目標です。将来的には3000万人にという計画もあります。

　そこで**問題になるのが宿泊施設**です。現状では数がまったく足りません。年間1000万人ということは、単純計算で月になおすと80万人。1日あたりでは2～3万人分の部屋を用意する必要があります。都心にビジネスホテルをさかんに建てていますが、追いつかないのが実際のところです。

　**解決に向けて白羽の矢が立ったのが、ワンルームマンション**でした。25平米以

### 旅館業法の規制緩和エリア

**事業名**　国家戦略特別区域外国人滞在施設経営事業

**対象区域**

| | |
|---|---|
| **東京圏** | 東京都……千代田区、中央区、港区、新宿区、文京区、江東区、品川区、大田区、渋谷区<br>神奈川県…全域<br>千葉県……成田市 |
| **関西圏** | 大阪府……全域<br>兵庫県……全域<br>京都府……全域 |

上でバス・トイレ別の一般的なワンルームマンションを、外国人の滞在に適した施設、つまり、ホテルとして使えることが旅館業法の特例として定められたのです。従来は、ホテル使用は特定施設と特定業者しかできなかったのが、いくつかの要件を満たせば、首都圏と関西圏の特区内のみホテル使用が可能になりました。現在のところ7~10日以上の宿泊に限られますが、賃貸市場に大きな影響を与えることでしょう。

このため、今、ウィークリーマンションやマンスリーマンションが契約を伸ばしています。これらに投資物件を貸与するメリットは「空かないこと」です。ずっと同じ賃料で借りてくれるので、家賃収入が安定します。

今、建築コストが上がっているため、10年前と同じ内容のマンションやホテルを建てようと思ったら、当時の1・5倍くらい費用がかかってしまいます。それでは採算が合わないため、既存の施設の活用へとトレンドが向かっています。ただ特区も、首都圏全部ではありませんので、エリアの注意は必要です。

## 人の流れから今後の需要が見えてくる

今、単身赴任の家庭が非常に増えています。理由は大きく3つ。1つは、子どもを転校させるのが大変だから。一所懸命勉強して超難関の有名校に入学したお子さんがいたら、「転勤になったからついて来い」とは言えないでしょう。2つ目は、共働きで奥さんも会社勤めの場合。ご主人の転勤についていくとなると、奥さんが会社を辞めなければいけません。もうひとつは、親の介護。老親の世話をしなければならないので、奥さんが一緒についていけないケースも増えています。

現在、日本の人口は約1億2700万人。そのうちの約13％が東京23区に住んでいます。単身者は約200万人いると言われています。単身者向けのワンルームマンションが都内に27万戸しかないので、明らかに供給が不足している現状です。

マンションに対する需要が増えるのは、東京都の構想にも由来しています。東京都は積極的に外資系の企業を誘致しています。たとえば、再開発を促す**「東京発グローバルイノベーション特区」**が、それにあたります。新宿、渋谷、港区、千代田区、品川区の臨海地域、羽田空港の近辺の再開発が予定されています。それらのエリアにできた国際標準のオフィスビルに世界中から日本支社を呼び込むことで、世界中から大勢の優秀な外国人が集まることでしょう。日本も東京都もこれ以上の成長を望むなら、国際化を図る以外に方法はありません。今後もこの流れは進むでしょう。

また、新駅ができるエリアも注目です。個人的にはこれから「新横浜」が上がると思っています。たとえば、東急東横線が横浜を通らずに相鉄線と直結します。新駅ができるエリアは、再開発されますから、需要が高まります。

また、2015年3月に上野・東京ラインが開通することから、上野周辺はもとより、常磐線、宇都宮線、高崎線沿線への需要の高まりが予想されています。やはり、新しく駅ができることや、沿線が延びることは、不動産の価値上昇に不可欠なものになります。

仮に、再開発地域の物件が買えなくても、そこに通勤しやすいエリアの物件を買っておくとメリットが得られる可能性大です。こうした情報は、プロの業者でなくても前もって仕入れることができますから、アンテナを張っておきましょう。

## 特区で進む規制緩和

成長戦略の特区区域。つまり「まちづくり」です。都心の建物開発の容積率の緩和。道路専用区域の緩和。そして前述した賃貸住宅の宿泊利用。これらが主な中身です。

「東京発グローバルイノベーション特区」では、スピーディーな法人設立のためのプロジェクトやベンチャー企業のまるごとサポート、ジェネリック医薬品の認証の早期化など、いろいろな政策が持ち上がっています。

また、たとえば虎ノ門ヒルズに見られるように、容積率や道路占用基準の緩和も重要なポイントです。虎ノ門ヒルズの真下に道路が通っています。この地区に限り、道路の上に建物が建てるのが認められました。今後、こうした傾向は増えていくはず。東京23区の土地を有効に活用していこう、という考え方の表れです。施設が増えれば人が集まりますから、それに連れて、**周辺の土地の価値も上がります**。

## 売買で最も重要なのは相場を意識すること

不動産投資では、売却のタイミングも重要です。「そろそろ」と思ったら、懇意の不動産会社に最近の市場トレンドを聞きましょう。その際のポイントは、物件の仕入れ担当者から話を聞くこと。担当者は、近隣の売買相場を常にチェックし、データベース化していますから、それを見せてもらいましょう。

自分の物件の相場を意識しておかないと、売却の際に損を出してしまいます。**成功するオーナーさんは、売却も戦略的に行います**。相場や時期などからシミュレーションを行い、最適なタイミングで売却。つまり、自分が儲かるタイミングで売るわけです。一方、**失敗するオーナーさんは、タイミングを考えず、自分の都合だけで売ってしまいます。**

今後、影響が出てくるのが相続税です。2015年の1月1日から基礎控除の金額が下がりました。するとどうなるか。地方では、今まで以上に相続税対策でアパートを建てる人が増えるでしょう。一方、首都圏では、不動産は自宅だけで、現金をたくさん持っている人が相続税のターゲットになります。そういう人たちは、土地がないので、1000万円、2000万円の中古ワンルームマンションを購入するわけです。取引が活発になりますから、市場に流れてくる物件数も増えてくるはず。相場を注視しておくことが、今まで以上に重要になります。詳しくは、第5章で説明します。

成功のためのスキルその⑤

# 行動力

## 〝周りと一緒〟ではいけない

なぜ行動力が大切なのでしょう。それは「〝周りと一緒〟ではいけない」から。もう少し細かく言えば、**「〝周りと一緒〟のことをやっていても資産は築けない」**からです。

あなたの周りの人を見てみてください。もし、お金に苦労していたり、将来のことを考えていないような人ばかりなら、要注意。その人たちと同じように暮らしていたら、同じように苦しくなるのは明らかでしょう。

そこで必要なのは、「お金持ちの真似をする」ことです。身近にいなければ、本を読んだり、講演会を聞きに行ったり、人から紹介してもらったりと、いろいろ手は考えられます。大切なのは、成功するような環境に身を置くことなのです。

## 頭でっかちは一生成功しない

一所懸命に本を読んだりして、誰よりも勉強はしているものの、実際には不動産投資を行っていない人が大勢います。その一方で、投資のことをよくわかっていないにもかかわらず、不動産投資で多額の収入を得ている人もいます。

勉強していてもお金にならない人と、詳しく知らなくても資産を築いている人の差は「行動力」にあります。**実際に「やるか、やらないか」の差**です。行動しなければ成功することはあり得ません。不動産投資のことを知らないより知っていたほうがいいに決まっています。でも、勉強はあくまで手段であり、目的ではありません。不動産投資の目的は、言うまでもなく、資産を築くこと。そのためには、あまり慎重になり過ぎず、頭でっかちになることなく恐がらずに、どんどん行動を起こしていくことが一番大切なのです。ちなみに、不動産投資のことをよくわかっていないにもかかわらず、多額の収入を得ている方は、まわりに専門家を置いて、知識の補填をしています。自分にないものをプロに任せるのも立派な戦略です。

## 行動することから得られるもの

行動し続けることで得られるのは、ノウハウです。だから、とにかくやってみることが大切。その結果、得られる結論があります。たとえば、繰り上げ返済をしたことがない人には、繰り上げ返済のメリットはわかりません。あるいは、リフォームして物件のバリューアップをしたことない人は、「リフォームしたら家賃上がる」ということが実感できません。繰り上げ返済により、結果としてローンの支払い額が下がるのを経験できたら毎月のキャッシュフローは上がります。それはノウハウになります。繰り上げ返済は、50万円からできます。とりあえず、やってみることをおすすめします。投資、ことに**不動産投資において、自分の体験から得たノウハウが一番の財**

**産になります**。そのためには、しつこいようですが、とにかく行動すること。そして、諦めないことです。ＰＤＣＡサイクルを回して、何回もチャレンジしましょう。諦めずに続けることで、結果は必ずついてきます。

# 第4章

## なぜ“帳簿”をつけている人は成功するのか

## 成功のカギは〝帳簿〟にあり

基本的に不動産物件は、購入したときが一番いい状態で、その後、どんどん経年劣化が進んでいきます。これは、度合いの差はありますが、新築、中古共通の問題。問題が表面化する前に、適切なタイミングで手を打っていくことが肝心です。

とはいえ、まだ経験やノウハウがないのに、〝適切なタイミング〟を推し量るのは、とても難しいことだと思います。そこで、皆さんの投資活動の目安や指針となるのが〝帳簿〟なのです。

これは大切なことなので何度も申し上げますが、私は**不動産投資を経営者として取り組んでいただきたい**と考えています。その理由は経営者として最善の決断をし続けることで、不動産投資が好転するからです。

そして、**帳簿**。経営者と帳簿は切っても切り離せない関係にあります。実際のところ、帳簿をつけていない会社は世の中に存在しません。なぜ事業に帳簿はつきものなのかといえば、帳簿をつけていくとお金の動きがはっきりと掴めるようになるから。言いかえれば、帳簿がなければ、事業に関係するお金がどう動いているのか、まったく把握できません。経営者として判断する材料がなければ、よくなるものもよくなりません。一所懸命頑張っても、儲かっているのかどうなのか、わかりません。それでは事業に取り組んでいる意味がありません。帳簿をつける意味は、**「目標管理」と「ノウハウの構築」**を行うことができるからです。そして、「目標管理」と「ノウハウの構築」こそが、不動産投資を成功させるために一番重要なポイントです。

投資活動は、みなさんの貴重なお金と時間と労力を使って行う事業です。お金の動きをしっかりと把握し、着実に資産を形成していくために、きちんと帳簿をつけて、事業を成功に導いていきましょう。

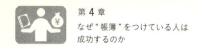

## 帳簿をつける必要性

では、具体的にどのような形式の帳簿をつけていけばいいのかをお伝えします。まず、帳簿をつける必要性を整理すると、

**①不動産投資がどれだけ利益を出しているかを把握すること**

不動産投資は長丁場になります。モチベーションを維持していくためには、「どれだけ儲かっているのか」を常に知っておくことが大切です。つまり、資産からどれだけキャッシュフローが生まれているかの管理です。

**②1部屋ごとの利益の把握**

購入した物件それぞれが「今、どのくらい儲かっているのか（あるいは、まだ儲かっていないのか）」を把握しておくことで、「いつ利益が確定して売却できるのか」がわかります。これにより、先々の計画や目算が立てやすくなります。

### ③投資計画の立案

①と②が示す状況を踏まえることで、現実に則した、計画の立案が可能になります。新規購入や問題改善に欠かせません。

## 不動産投資は「事業」。企業において帳簿はむしろ当たり前

会社経営に会計は欠かせません。ここで用いられるのが「財務3表」と呼ばれる会計帳簿です。財務3表とは、「損益計算書（ＰＬ）」と「貸借対照表（ＢＳ）」、そして「キャッシュフロー計算書（ＣＳ）」を指します。

損益計算書は、期間ごとの経営成績を表すもので、売上高と5つの利益（「売上総利益」「営業利益」「経常利益」「税引き前当期利益」「当期純利益」）から成り立っています。貸借対照表は、会社の資産とその成り立ちを負債（借金）・資本（自己資

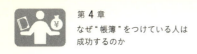

金）で表したもの。キャッシュフロー計算書は、実際のお金の流れを表したもので、営業活動、投資活動、財務活動の3つから成り立っています。

これらの帳簿を持たずに活動している会社は皆無。株式会社は作成が法律で義務づけられているくらい重要なものです。サラリーマン、ＯＬの皆さんにはあまり縁のないものかもしれませんが、不動産投資を事業として捉えたとき、これらの**帳簿は経営の道しるべとしても欠くことができないもの**なのです。

## 必要な情報を精査すれば、帳簿管理も簡単

帳簿をつける必要性は大きく3つ。1つは、**不動産投資がどれだけ利益を出しているのかを把握するため**です。不動産投資は長丁場になりますから、モチベーションの維持のために欠かせません。

2つ目は、**1部屋ごとの利益を把握するため**で、これは物件の売却ライン確定に必

要です。1部屋ごとの会計管理が成されていないと、せっかく長い時間かけて行ってきた不動産投資で結果的に損を出すことにもなりかねません。

3つ目は、**投資計画立案のため**です。新規購入や問題改善には、具体的な数字の流れを掴んでおく必要があります。とはいえ、皆さんの不動産投資の場合、企業と同様の会計帳簿を作成するのは労力がかかり過ぎて現実的ではなく、また、その必要もありません。会計に関する知識には、実は「これだけをおさえておけばOK」という〝勘どころ〟があります。私たちは、それらの必須事項を独自に精査し、不動産投資での成功を目指す皆さんのために、**2つの帳簿**を作成しました。

## お金の動きを把握する2つの帳簿

**・「個人資産シート（CFAシート）」**

自分の資産の推移を把握するための帳簿が個人資産シート、名付けて**「CFAシー**

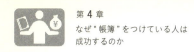

**ト」**です。CFAとは、〝キャッシュフロー・フロム・アセット〟のこと。どれだけの金額を投資にまわせるのか、それを判断するためには、自分自身のお金の動き（＝家計）を知らなければいけません。年を追うごとに増えていくキャッシュフローを記録し、投資判断に役立てるのが狙いです。

CFAシートのメリットとしては、**「目標キャッシュフローへの道筋がわかる」「資産運用の改善点がわかる」「物件の購入計画が立てやすい」「一目で効果が理解できる」「モチベーションの維持がしやすい」**といった点が挙げられます。

具体的には、キャッシュフローの増減を3ヶ月ごとにチェックしていきます（ちなみに、私どものお客様の8割は、購入時よりキャッシュフローが増加しています）。CFAシートは、会計で言うところの「損益計算書（PL）」「貸借対照表（BS）」「キャッシュフロー計算書（CS）」を併せたもの。簡易に作成するとすれば、家計簿で毎月の収入・支出の管理と金融資産と借金のバランスをしっかり管理すること。そして、資産からどれだけ収入を生んでいるか記録することです。このシートに、毎月の収入や支出、資産や負債など、必要な項目の数字をすべて記していきます。これに

# CFA シートのイメージ

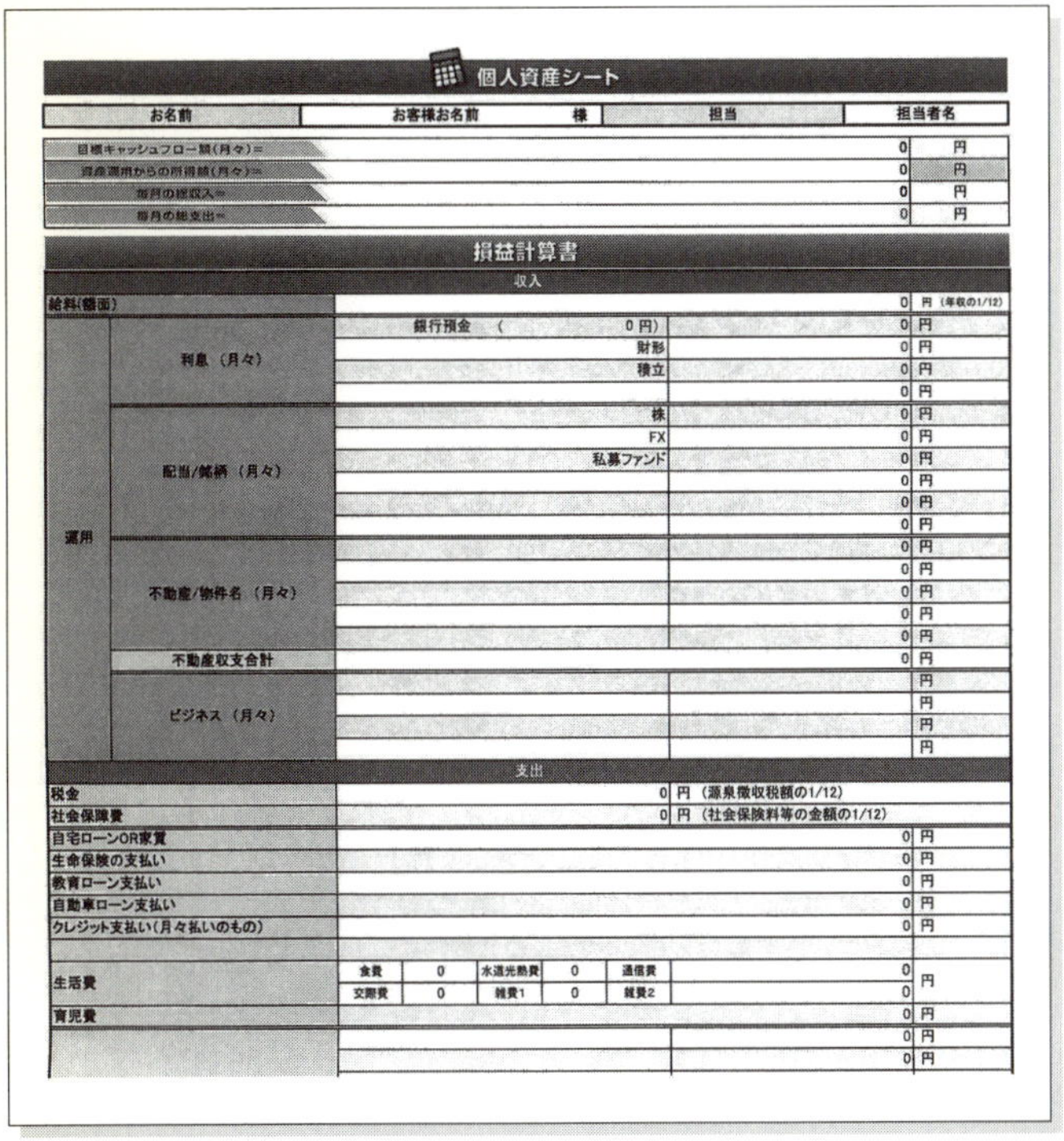

個人資産シート

| | | | |
|---|---|---|---|
| お名前 | お客様お名前　様 | 担当 | 担当者名 |

| | | |
|---|---|---|
| 目標キャッシュフロー額(月々)= | 0 | 円 |
| 資産運用からの所得額(月々)= | 0 | 円 |
| 毎月の総収入= | 0 | 円 |
| 毎月の総支出= | 0 | 円 |

損益計算書

収入

| | | | | | |
|---|---|---|---|---|---|
| 給料(額面) | | | | 0 | 円（年収の1/12） |
| 運用 | 利息（月々） | 銀行預金　（　0 円） | | 0 | 円 |
| | | 財形 | | 0 | 円 |
| | | 積立 | | 0 | 円 |
| | | | | 0 | 円 |
| | 配当/銘柄（月々） | 株 | | 0 | 円 |
| | | FX | | 0 | 円 |
| | | 私募ファンド | | 0 | 円 |
| | | | | 0 | 円 |
| | | | | 0 | 円 |
| | | | | 0 | 円 |
| | 不動産/物件名（月々） | | | 0 | 円 |
| | | | | 0 | 円 |
| | | | | 0 | 円 |
| | | | | 0 | 円 |
| | | | | 0 | 円 |
| | 不動産収支合計 | | | 0 | 円 |
| | ビジネス（月々） | | | | 円 |
| | | | | | 円 |
| | | | | | 円 |
| | | | | | 円 |

支出

| | | | | | | | | |
|---|---|---|---|---|---|---|---|---|
| 税金 | 0 | 円（源泉徴収税額の1/12） | | | | | | |
| 社会保障費 | 0 | 円（社会保険料等の金額の1/12） | | | | | | |
| 自宅ローンOR家賃 | | | | | | | 0 | 円 |
| 生命保険の支払い | | | | | | | 0 | 円 |
| 教育ローン支払い | | | | | | | 0 | 円 |
| 自動車ローン支払い | | | | | | | 0 | 円 |
| クレジット支払い(月々払いのもの) | | | | | | | 0 | 円 |
| | | | | | | | | |
| 生活費 | 食費 | 0 | 水道光熱費 | 0 | 通信費 | | 0 | 円 |
| | 交際費 | 0 | 雑費1 | 0 | 雑費2 | | 0 | |
| 育児費 | | | | | | | 0 | 円 |
| | | | | | | | 0 | 円 |
| | | | | | | | 0 | 円 |

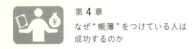

よって、たとえば、「不動産投資ローンを組んだから生命保険は減らして、その分をこっちにまわそう」といった具合に家計面での改善点も見えてくるはずです。

私たちの方からもお客様に具体的なアドバイスをしています。それによって、70万円の時計を買おうとしていたお客様が思いとどまったり、BMWの購入を見送ったりと、お金の使い方を見直し、不動産投資に集中する環境作りに役立っているようです。

**・「1部屋ごとの管理シート(NRIS)」**

1部屋ごとの収支の管理を行うのが繰り上げ返済シート**「NRIS」**です。NRISとは「ナゴミ・リアルエステート・インベストメント・システム」のこと。CFAシートと同様、私たちが独自に開発した、いわば**〝物件の通信簿〟**です。

繰り上げ返済やリフォームの履歴、家賃金額や家賃収入の変遷、空室率、ローンの支払いの変遷などを1部屋ごとに記入し、収支とROIを把握していきます。これにより、**「資金の流れが明確になる」「売却ラインが明確になる」「問題点の発見ができ**

**る」「ROIがわかりやすい」「不動産投資全体でなく、1部屋ごとの収支がわかる」**などのメリットが生まれます。

1部屋ごとの〝成績〟がわかるので、たとえば「目黒の物件が一番だろうと思っていたら、意外にも下町の門前仲町の物件のほうが運用成績がよかった」といった、なかなか表には出てこないようなノウハウも得られます。

私たちはお客様の「CFAシート」と「NRIS」のデータを蓄積し、データベース化しています。これはもちろん、お客様の資産運用に関して、より的確な情報を提供するためです。その結果「次

**NRISで記録するものの一例**

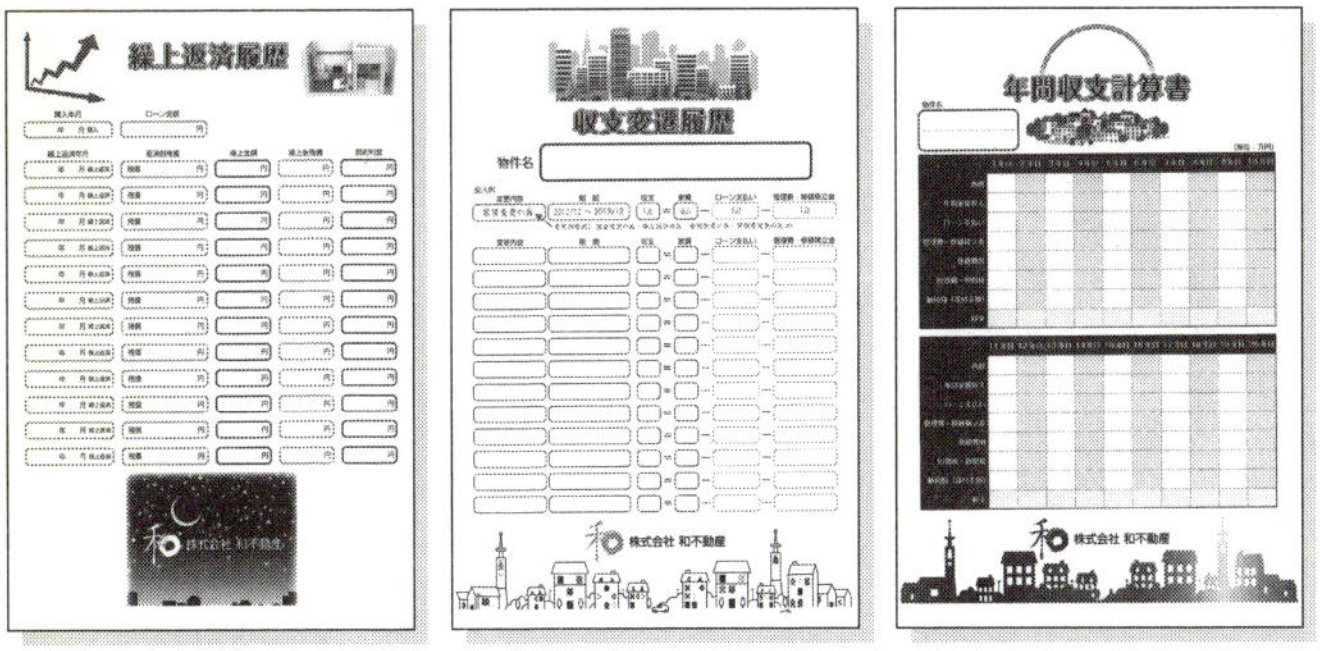

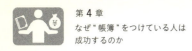

の目標になるモデルケースを提案できる」「問題点を改善する根拠を明示できる」「費用対効果の高い資金の使い方の提案が可能になる」など、お客様により細やかで精度の高いアドバイスを提供することが可能になりました。

## 帳簿は目的を叶えるためのもの。そのために短期、中期、長期の目標設定を大切に

帳簿は目標を達成するために必要です。「最終的にこうなりたい」という最終目標を定めると、目先でやらなければ行けない短期の目標、さらに5年後、10年後のためにやるべき中長期の目標が見えてきます。

なぜ2種類の帳簿をつけるかといいますと、オーナーさんの目標は、資産やキャッシュフローを増やすこと。この「目標管理」を行うのが「CFAシート」です。一方、目標を達成するために行ったアクションや物件の利益を記しておくことで得られ

るのが「ノウハウ」です。そのために「ＮＲＩＳ」は必要になります。それに、出納帳があれば不動産オーナーの準備としては万全になります。

投資の場合、目標が定まらないまま物事を先に進めるのは、海図も持たず大海原へ航海に出るようなもの。そして、目標を達成するために欠かせないのが、関連したさまざまな数値です。帳簿はそれらの数値に意味を与え、方向性を示してくれる、またとないツールにほかなりません。

**目標の達成、つまり、事業を成功させるには、ノウハウが必要です。**ノウハウ

## 短期、中期、長期の目標設定

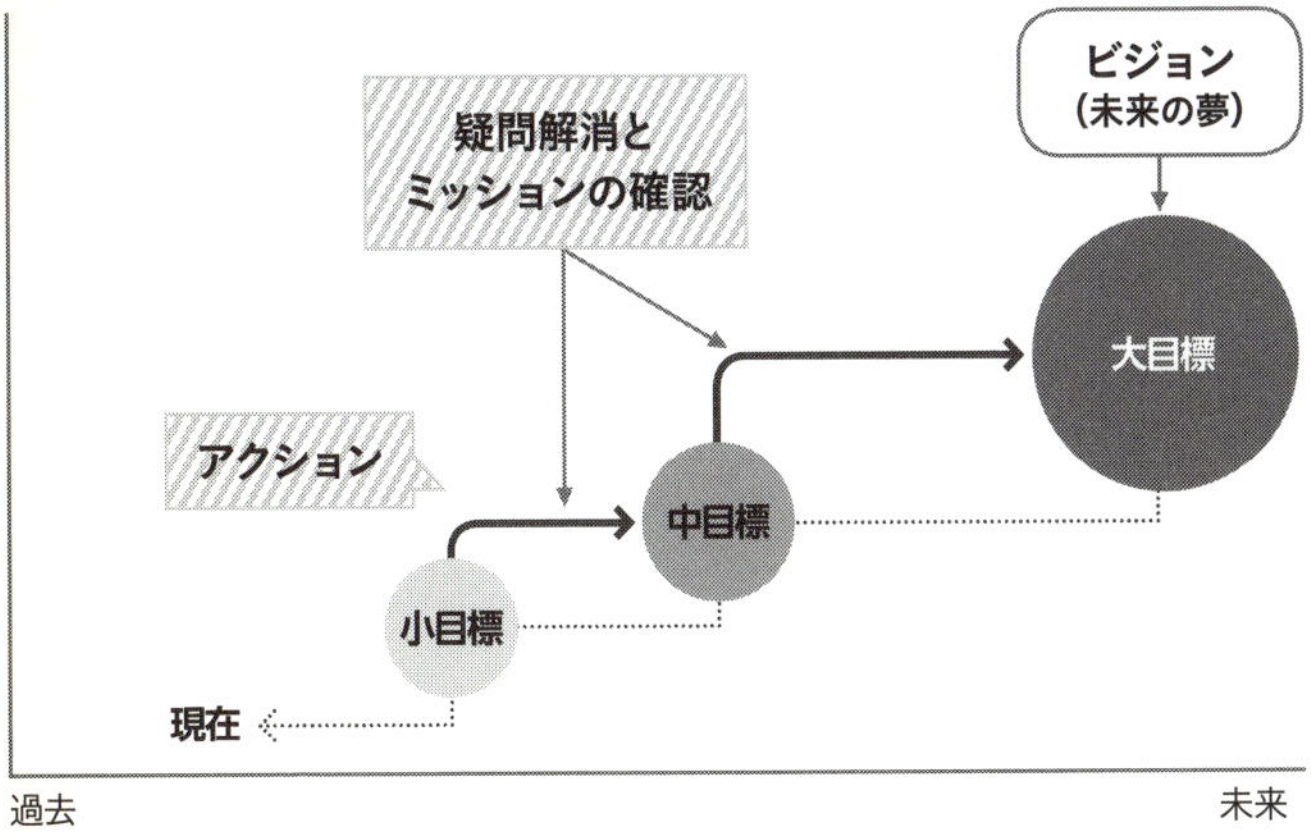

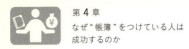

を構築するためには、目標設定、計画立案、実行、検証のサイクルを繰り返しながら、成功体験や失敗体験を得ていくこと。ここでも帳簿による管理は欠くことができません。ぜひ皆さんも帳簿とともに、短期、中長期の目標をひとつずつクリアしながら成功体験を積み重ねて、最終目標へと到達していただきたいと思います。

# 第5章

## 相続税対策が与える 1R不動産投資への影響

## 相続税改正の影響とは？

２０１５年1月1日から相続税が増税になりました。非課税枠の〝基礎控除〟が４割も減ってしまうため、これまで**相続税は無縁と考えていた人も税金を払わなくてはならない可能性が出てきたのです**。今後の不動産投資市場に大きな影響を与える可能性があるので、本書でも取り上げることにしました。

数字を挙げて少し説明しましょう。夫が亡くなり、その奥様が自宅や金融資産を相続する場合、1億６０００万円の税制控除があります。この特例は改正後も変わらないため、相当な資産家でない限り相続税はかかりません。問題となるのは、亡くなった両親の財産を子どもが受け取るときです。

従来の相続税には、法定相続人が1人の場合６０００万円、2人の場合７０００万円、3人の場合は８０００万円までの基礎控除が設けられていました。このため、相続税対策が必要になるのは、億単位の相続財産を持つ富裕層に限られていたのです。

たとえば、相続する財産を「土地50坪程度の一軒家と2000万円強の金融資産」と設定して税額を算定してみると、負担が生じるのは東京や大阪の中心部のみ。都市近郊の通勤圏では相続税がかからないケースがほとんどでした。

ところが、基礎控除が4割カットされると様相は一変します。昨年までは路線価が約30万円以下の地域ではかからなかった相続税が、今年からおよそ12万5000円の地域から対象になります。申告が必要になる地域が大きく拡大するため、税金を払う必要がある人は従来の2倍になるとの試算も。「ウチは関係ないよ」などと言っていられないかもしれません。

## 法改正により課税対象者が増える

法改正によって、今まで払う必要のなかった人も、課税対象者になる可能性が出てきました。首都圏の場合、相続税申告対象者は、約4万8000人から10万人超と倍増する見込みです。ということは、首都圏では、年間10万人以上の人が相続税対策をするということ。これ、すごい数字です。

**相続税の対象者が増えるということは、対象となる地主がアパートを建てるケースも増えるということです**。つまり、アパートの乱立が予想されます。その結果、賃料が値崩れをおこします。具体的には、国道16号線沿いが危ない。なぜかというと、80年代後半の、いわゆるバブルの時代、サラリーマンは国道16号線沿いまで郊外に出ないと家が買えなかったから。その団塊の世代が今、高齢を迎えているのです。この人たちが亡くなると、相続のためにアパートが新規でどんどん建ちますから、このエリアのアパートは家賃が下がる可能性大。私はこれを**「国道16号線の法則」**と呼んでいます。

また、相続税対策のために贈与を行うとなると、当然ですが、亡くなる前までにやらなければいけません。余命3ヶ月、余命半年と言われてから、なにを準備できるのか。生命保険には入れないなど、準備できる手段は限られています。急いでやる場

## 首都圏における相続税申告対象者の予想推移

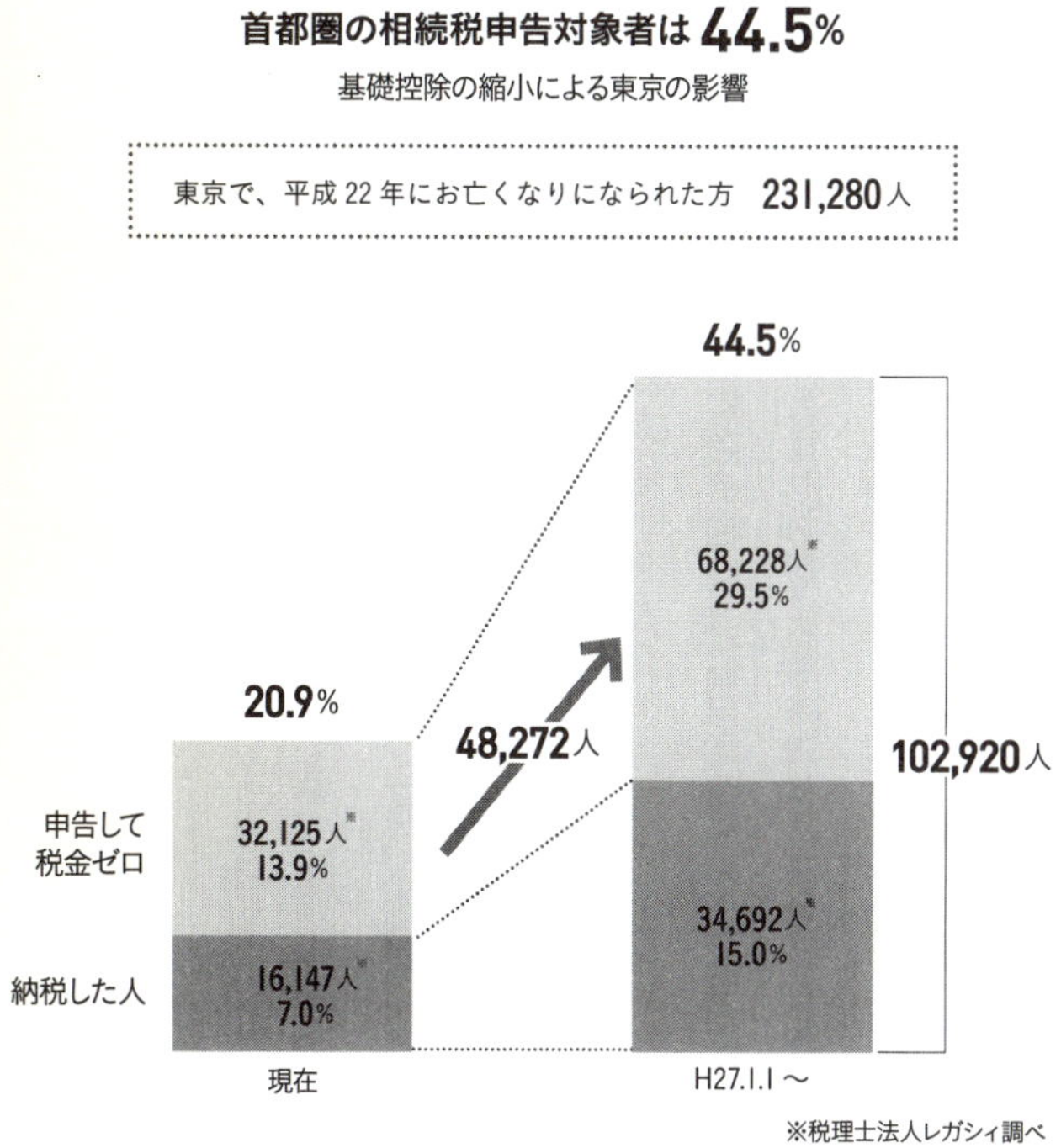

合、不動産に需要が集中する可能性は大きいでしょう。

## 相続税対策資金の東京流入

最近、新潟のお客様から相談を受けました。「地元・新潟のアパートを売却し、都内のワンルームマンションを3部屋購入したい」とのこと。理由は相続税対策でした。〝取り分〟でもめないように、あらかじめワンルームマンションを3人の子どもたちに分け与えてしまうわけです。

このように、相続税対策に関する動きは活発化の一途をたどっています。これはいったいなにを意味するのでしょうか。結論から先に言うと、数千万円単位の投資が世の中でどんどん行われていくことになります。ポイントは、「そのお金がどこに着地するか」です。

**お金は人が集まるところに流れ込んできます**。日本国内でいえば、言うまでもなく、それは首都圏。東京に人が入ってくるには理由があります。通称、工場等制限法の撤廃により大規模の建築が首都圏、関西圏で行われ始めました。これにより、２００２年の立正大学を皮切りに東洋大学や青山学院大学、明治大学など約40校もの大学が東京23区に移転してきています。都内に移転してきた大学の人気が軒並みアップしたため、今後もこの動きは加速していくでしょう。

また、大型のショッピングセンターや大型ビルが都心にもどんどん建つようになりました。東京ミッドタウンやラゾーナ川崎プラザ、アリオ亀有などがそれです。大型の商業施設ができると利便性が上がり暮らしやすくなるため、街の魅力も高まり「住みたい」と思う人も増えます。

次に、アベノミクスが推奨する高度外国人人材の活用による企業の外国人採用の活発化と留学生の増加。また、大企業ではプロジェクト単位での業務が増え、単身赴任者が増加しています。その数、なんと30人に１人。外国人旅行者も増えています。

また、若年層を中心にライフスタイルがコンパクトになり、晩婚化、生涯未婚率の増加により持ち家志向が低下しています。さらに、車の運転が困難になった高齢者が医療や福祉サービス施設の整った、生活しやすい都心に回帰する傾向が見られ、国の「コンパクトシティ」構想がこの動きを後押しする形になっています。こうした理由から人とお金が東京に集まり、それに伴って、コンパクトなマンションが人気を呼んでいます。

コンパクトなワンルームマンションが人気を呼んでいる理由はもうひとつ。それは、贈与がしやすいことです。相続財産が現金や有価証券なら、兄弟姉妹など相続人が複数いたとしても分配、いわゆる〝遺産分け〟は容易です。しかし、時価で換算されるため多額の相続税が発生します。

一方、不動産は相続税評価を下げるというメリットがあります。ところが、主たる相続財産がアパート1棟など、額が大きいにもかかわらず、分けづらいものだったとしたらどうでしょう。こうした場合よくとられる手段が、全員の名を連ねる〝共有名義〟です。しかし、共有名義にすると、大規模な修繕工事や売却に際して名義人全員の同意が必要となることもあり、結果的に揉めるケースが多くなってしまいます。そこで冒頭の新潟のお客様のように、あらかじめ分けづらい財産を売却し、その売却益で必要な戸数のワンルームマンションを購入。贈与という形で相続人たちに分け与えます。贈与税など数十万円の税金は発生しますが、分割をめぐる相続人間のトラブルは避けられることが可能になります。

## 相続税対策には〝貸家〟であることが重要

資産の種類によって相続税の評価額は変わります。**一般的な節税効果は、「アパート40%、ワンルームマンション30%、タワーマンション20%」**と言われています。マンションは1室あたりの敷地の持ち分が少ないため、都心や駅前など土地の評価が高い地域にあっても、各々の部屋の評価額はそれほど高くなりません。また、中古マンションであれば建物は固定資産評価額になりますから、やはり税率は低め。相続税対策にはもってこいと言えるでしょう。

加えてマンションは、賃貸にすることで相続税評価額をさらに下げることができます。敷地は貸家建付地として評価されるため、更地より約2割評価額が低下。小規模宅地の評価減の特例として貸付事業用の50％減の制度も利用可能です。たとえば、2000万円のマンション1部屋買うと評価が3分の1になるので、課税対象外に。

**キモは〝貸家〟**であることです。

アパートやマンションなどの収益物件は〝贈与して得になる資産〟になります。一方、現金や株、国債その他投資信託といったペーパーアセットは額面通りの時価。土地になると評価が下がります。それが貸家になるとだいたい6割減くらいに。つまり、貸家であることが一番重要なのがおわかりいただけるでしょう。

そして、あらためて言うまでもないことですが、マンションは賃貸にすることで家賃収入を得ることができます。マンションの寿命が60年として、築10年の中古マンションでも、この先50年は家賃が入ってきます。そのため、被相続人の納税資金作りにも役に立ちます。入居者のニーズを満たした都心のワンルームマンションなら、空室による収入減もほぼ心配する必要はありません。マンションは、相続税が抑えられるだけでなく、将来にわたっての収入源にもなる資産として活用できます。

## 資産の種類で変わる相続税評価額

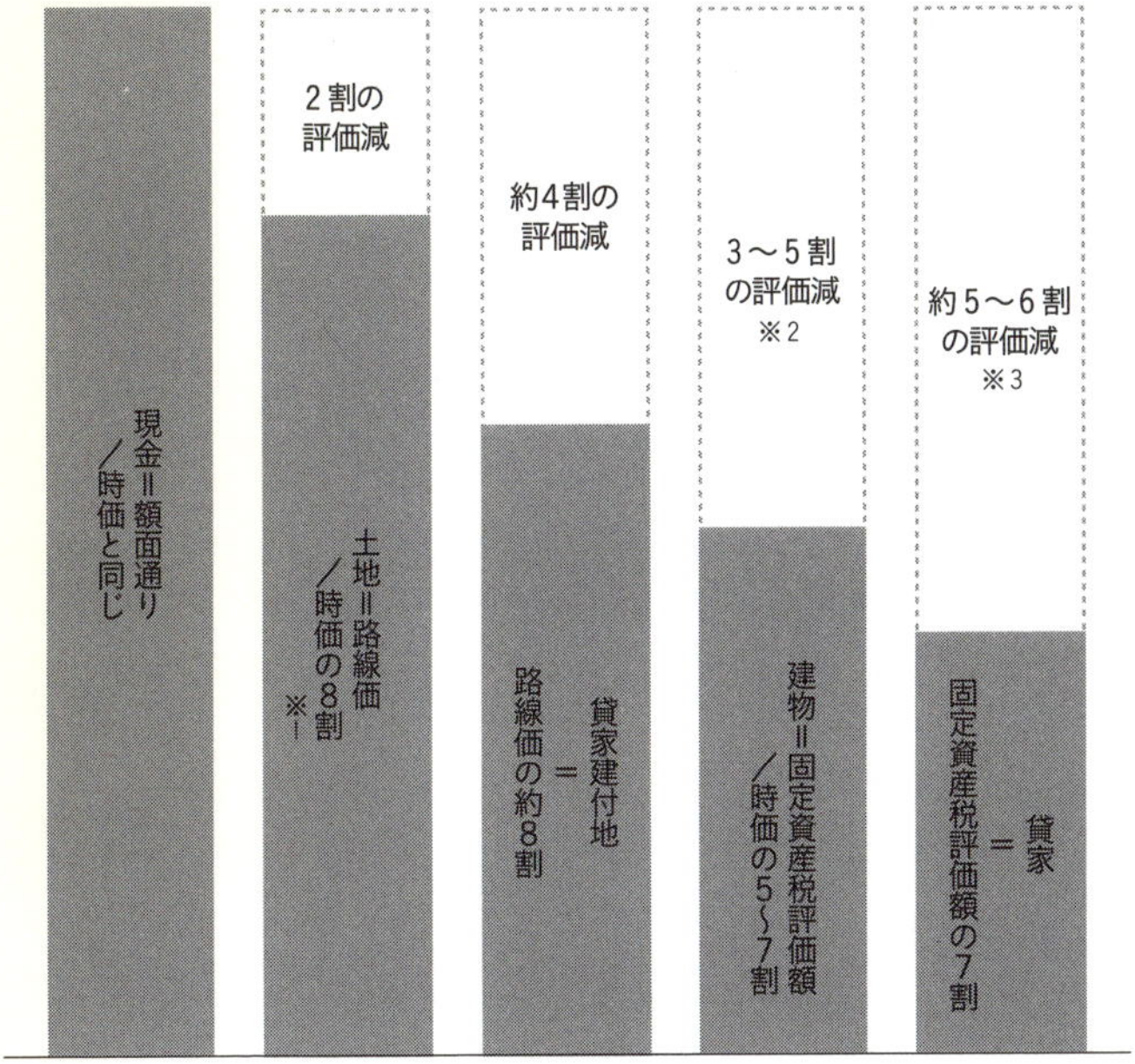


※1. 土地は、時価＝公示地価で、自用地評価
※2. 貸家建付地＝自用評価額×(1－借家権割合60～70%程度×借家権割合30%)
※3. 貸家＝家屋の固定資産税評価額×(1－借家権割合)
注) 上記の貸家建付地と貸家は貸家割合100%とする

**一般的な節税効果**
アパート:**40%**　ワンルーム:**30%**　タワーマンション:**20%**

## タワーマンションなら上層階が狙い目

「タワーマンションで節税」とよく見かけるように、タワーマンションが優遇されているのは事実です。タワーマンションの節税効果は、階数によって変わります。床面積が変わらなければ、40階の物件も2階の物件も評価額は同じ。価格比で見ると、40階1億円の物件は評価額の21%に対して、2階5000万円の物件は評価額の40%になります。40階の物件のほうが高い家賃を取れますから、**タワーマンションは高層階のほうがお得**です。

タワーマンションで人気なのは、湾岸エリア。購入希望者が集中しており物件が足りない現状です。そうなると、都心のワンルームマンションへの需要が増えます。タワーマンション乱立で湾岸エリアの地価も上がります。したがって、タワーマンションが注目されるのは、周辺エリアの土地の価値が向上するなど、ワンルームマンションのオーナーさんにとってもメリットがあります。

しかし、タワーマンションが相続税対策の主役になりえない理由があります。いくら相続税の増税とはいえ、数億円単位で対策する方は、以前と変わりません。むしろ、数千万円単位の対策を取る方が増えるなかで億単位のタワーマンションを選ぶとは思えません。数千万円単位の対策を取る方は、手頃に購入できるワンルームマンションにこそ需要があり、選択されることでしょう。

**相続税対策の節税ポイント**

**（1）財産評価を下げる**

**（2）生前贈与**

**（3）納税資金確保**

**（4）分割しやすい資産にする**

**相続トラブルを回避するためには
分けやすい資産にしておくことが重要**

## 法改正は、不動産投資にとって追い風になる

東京23区はオリンピックよりも相続税対策で資金が流入すると予測してます。その効果はオリンピックを凌ぐはずです。また、ワンルームマンションなら、価格の維持がしやすかったりします。年間10万人の相続税申告対象者のうち、半分の人が不動産を求めたらすごいことになるでしょう。

首都圏の中古ワンルームマンションの年間流通数は7万件程度。しかも都内はワンルームマンション規制があるので、乱立はありえません。不動産投資は、価格が上がることも大切ですが、長い間価値を維持することも重要。市場が拡大するということは、今所有している物件の価格の維持がしやすくなることを意味します。つまり、**法改正は不動産投資にとって強い追い風**となり、オーナーさんの不動産投資を後押しするでしょう。

# おわりに

最後まで、お付き合いいただき、誠にありがとうございました。

ここまで、不動産投資のオーナーさんとしての心構えについてお話させていただきました。やはり、不動産投資オーナーさんの基本は、入居者に快適な生活環境を提供することです。まずは、大家さんとして、物件のクオリティーの維持に努めていただければと思います。その結果が家賃収入として皆様の不動産投資を成功に導く原動力になっていくはずです。

不動産投資を成功に導くためにもう1つアドバイスを付け加えるとするならば、不動産投資は長期に渡りコツコツ行っていく投資です。

手間ひまかけてご自身の所有する物件を育てていく必要があります。不動産投資で成功している方・失敗している方は双方いらっしゃいますが、正しいやり方で育てている方はより多くの家賃収入を得ています。長い目でコツコツ行うことが大事になります。自分一人で行うことも大切ですが、相談できる仲間を作ることが長い間続けるコツになります。仲間を作り情報交換や他人のやり方を参考にすることも、皆様の大きな助けになるでしょう。

では、どうやって仲間を作ればよいでしょうか? 不動産投資の大家さんの会に参加することもひとつの方法ですが、いきなり参加するのは気が引ける方もいらっしゃると思います。そんな方は、私が代表を務める和不動産のセミナーのあとで開催しているランチ会にご参加いただけたらと思います。他のオーナーさんの話が聞けると好評を得ています。また、年に数回ですがイベントも開催しています。まわりに他の不動産オーナーさんがいることで、有益な情報を得ることができたり、モチベーションを得ることができるようです。よろしければ、弊社をそのように活用していただければと思います。

本書の結びとして、私の想いをお話させていただきます。現在の日本は、社会保障の不安もあり、なかなか明るいビジョンを描きづらくなっています。そこで、不動産投資を成功させることによって将来の不安を払拭し明るく生活できる方が一人でも増えればと思い、本書の執筆を始めました。

現在の経済状況でお金の不安を払拭して生活されている高齢者の多くの方が不動産オーナーさんであることも見逃せません。

子どもたちが明るい未来のビジョンを描くためには、大人である私達が充実した人生を歩む必要があるのではないでしょうか？　将来や経済状況に右往左往することなく、地に足のついた人生を送るために不動産投資は皆様のお役に立てるはずです。読者の皆様や関わりのある不動産オーナーさんが、不動産投資を成功させるにあたり、私のノウハウや和不動産の活動でサポートすることができれば、望外の喜びです。

２０１５年１月吉日

仲宗根　和徳

【著者略歴】

**仲宗根和徳（なかそね・かずのり）**

株式会社和不動産 代表取締役。1978年東京都生まれ。法政大学経営学部卒業後、デベロッパーを経て、2011年、株式会社和不動産代表取締役就任。電話営業等のプッシュ型営業を一切行わない営業手法と、きめ細かなアフターフォローで、多くの顧客から支持を集めている。『人が集まる会社』をコンセプトに、いつでも聞きたいことが聞ける不動産投資会社を目指し、「不動産投資の理解を深めるゲームを取り入れたセミナーなどを年間100回開催」「アフターフォロー専門部署を設置し、購入後から3ヶ月に1度のアフターフォロー」「お花見やクリスマスパーティーなど、オーナー同士が交流できるイベントの開催」を実施するなど、従来の不動産業界とは一線を画した経営を行う。その取り組みは、テレビ、新聞、雑誌など多くのメディアに取り上げられ、高い評価を得ている。


# 不動産投資《ふどうさんとうし》“購入後《こうにゅうご》”の教科書《きょうかしょ》


2015年2月21日 初版発行

発行 **株式会社クロスメディア・パブリッシング**

発行者 小早川幸一郎

〒151-0051 東京都渋谷区千駄ヶ谷4-20-3 東栄神宮外苑ビル

http://www.cm-publishing.co.jp

発売 **株式会社インプレス**

〒101-0051 東京都千代田区神田神保町一丁目105番地

TEL (03)6837-4635

■ 本の内容に関するお問い合わせ先 …… クロスメディア・パブリッシング
TEL (03)5413-3140 FAX (03)5413-3141

■ 乱丁本・落丁本のお取り替えに関するお問い合わせ先 …… インプレス カスタマーセンター
TEL (03)6837-5016 FAX (03)6837-5023

カバー・本文デザイン 安賀裕子

印刷・製本 株式会社シナノ





ISBN978-4-8443-7400-8 C2034